高职高专经管专业十三五规划教材

# 纳税会计实务实训

- 主　编　罗洪霞　袁　静　辜明华
- 副主编　邢饶舫　谭　力　付　阳

WUHAN UNIVERSITY PRESS

武汉大学出版社

**图书在版编目(CIP)数据**

纳税会计实务实训/罗洪霞,袁静,辜明华主编.—武汉:武汉大学出版社,2018.2
高职高专经管专业十三五规划教材
ISBN 978-7-307-20015-9

Ⅰ.纳…　Ⅱ.①罗…　②袁…　③辜…　Ⅲ.税收会计—高等职业教育—教材　Ⅳ.F810.42

中国版本图书馆 CIP 数据核字(2018)第 020813 号

责任编辑:陈　红　　　责任校对:汪欣怡　　　版式设计:马　佳

出版发行:**武汉大学出版社**　　(430072　武昌　珞珈山)
(电子邮件:cbs22@whu.edu.cn　网址:www.wdp.com.cn)
印刷:武汉中远印务有限公司
开本:720×1000　1/16　　印张:11.75　　字数:234 千字　　插页:1
版次:2018 年 2 月第 1 版　　2018 年 2 月第 1 次印刷
ISBN 978-7-307-20015-9　　　定价:30.00 元

# 前　言

本书是《纳税会计实务》配套的实训教材，是针对高职高专财会类专业学生的培养目标、知识结构、职业能力和就业方向等要求组织编写的。编写过程中参考了财政部、国家税务总局《关于全面推开营业税改征增值税试点的通知》（财税〔2016〕36 号）试点文件中的《营业税改征增值税试点实施办法》《营业税改征增值税有关事项的规定》，体现了最新财税法规的内容和精神。在编写案例上我们力求体现实践性和可操作性，注重职业岗位对涉税业务知识的需要，尽可能地贴近高职高专学生的特点，充分体现了"做中学、学中做"的高等职业教育教学理念。全书对应《纳税会计实务》的七个学习情境，通过大量仿真原始凭证，还原真实工作环境，利用案例和纳税申报表为学生提供全真模拟，通过全真的模拟实务演练，可以提高学生对各税种的准确计算能力、纳税申报表的填报能力，让学生真正掌握申报与计缴知识，达到熟练运用和举一反三的效果。本书与《纳税会计实务》教材结合使用，可帮助学生全面掌握财税理论在实务中的运用，实现理论与实践的零对接。

本书由贵州职业技术学院罗洪霞教授、袁静及辜明华担任主编，全书从企业设立登记开始涉及的税务行为及具体税种申报与计缴为主线设计，其中，付阳编写"项目一　税务登记实训"；罗洪霞编写"项目二　税务认定及发票领购流程实训"；袁静编写"项目三　增值税纳税实训"、"项目五　企业所得税纳税实训"、"项目八　企业纳税综合实训"；邢饶舫编写"项目四　消费税纳税实训"；辜明华编写"项目六　个人所得税纳税实训"；谭力编写"项目七　其他税种纳税实训"；全书由罗洪霞教授负责统稿。

在本书的编写过程中，参考和借鉴了许多专家学者的研究成果以及期刊网站上的资料和文章，在此向各位专家同仁深表感谢，由于编者水平有限，本书难免有不妥与错误之处，恳请同行和读者批评指正。

编　者

2018 年 2 月

前　言

# 目　录

# 税务登记实训

## 一、实训目标

掌握企业开业税务登记及税种认定的办理。

## 二、实训过程

根据实训资料对设立税务登记表及纳税人税种登记表进行填写。

## 三、实训资料

贵州醉美酒业股份有限公司成立于20××年1月20日，现需办理开业税务登记手续，税务会计于20××年1月22日去税务机关办理开业税务登记手续。公司具体信息如下：

纳税人名称：贵州醉美酒业股份有限公司

纳税人识别号：91520102161512×××

公司成立时间：20××年1月20日

纳税人身份：一般纳税人

登记注册类型：160 股份有限公司

批准设立机关：贵州省工商局

企业法人营业执照号码：91520102161512×××

注册资本：500万元

注册地址：贵阳市省府路58号

电话号码：0851-8123××××

股东信息：张××（法人代表，身份证 52010119651112×××）投资比例60%；李××（身份证 52010119650506×××）投资比例40%

开户银行：建设银行贵阳省府路支行

银行账号：845018806××××

所属行业：1512 酒的制造

会计主管：易×　身份证 52010119681212××××

在职总人数：115 人

信用度：A

国税主管征收机关：贵阳市云岩区国家税务管理局

企业社会保障号：91520102161512××××（说明："五证合一"制度下，该号码与纳税人识别号一致）

投资性质：内资

企业所得税预缴申报类型：按季据实申报

消费税类型：有消费税

消费税类型：酒类

所得税计算方法：资产负债表债务法

适用的会计准则：企业会计准则（一般企业）

会计核算软件：用友

记账本位币：人民币

会计政策和估计是否发生变化：否

固定资产折旧方法：年限平均法

存货成本计价方法：先进先出法

坏账损失核算方法：备抵法

根据上述资料填写表 1-1 及表 1-2。

表 1-1　　　　　　　　　　　　税务登记表

（适用单位纳税人）

填表日期：

| 纳税人名称 | | | 纳税人识别号 | | | |
|---|---|---|---|---|---|---|
| 登记注册类型 | | | 批准设立机关 | | | |
| 组织机构代码 | | | 批准设立证明或文件号 | | | |
| 开业(设立)日期 | | 生产经营期限 | 证照名称 | | 证照号码 | |
| 注册地址 | | | 邮政编码 | | 联系电话 | |

| 生产经营地址 | | | 邮政编码 | | | 联系电话 | |
|---|---|---|---|---|---|---|---|
| 核算方式 | 请选择对应项目打"√"□ 独立核算　□ 非独立核算 | | | | 从业人数 | __其中外籍人数__ | |
| 单位性质 | 请选择对应项目打"√"□ 企业　□ 事业单位　□ 社会团体　□ 民办非企业单位<br>□ 其他 | | | | | | |
| 网站网址 | | | | | 国标行业 | □□□□□□□ | |
| 适用会计制度 | 请选择对应项目打"√"<br>□ 企业会计制度　□ 小企业会计制度　□ 金融企业会计制度　□ 行政事业单位会计制度 | | | | | | |

| 经营范围 | | 请将法定代表人(负责人)身份证件复印件粘贴在此处。 | | | | | |
|---|---|---|---|---|---|---|---|
| 项目<br>内容<br>联系人 | 姓　名 | 身份证件 | | 固定电话 | 移动电话 | 电子邮箱 | |
| | | 种类 | 号码 | | | | |
| 法定代表人(负责人) | | | | | | | |
| 财务负责人 | | | | | | | |
| 办税人 | | | | | | | |

| 税务代理人名称 | | 纳税人识别号 | | 联系电话 | | 电子邮箱 | |
|---|---|---|---|---|---|---|---|
| | | | | | | | |

| 注册资本或投资总额 | | 币种 | 金额 | 币种 | 金额 | 币种 | 金额 |
|---|---|---|---|---|---|---|---|
| | | | | | | | |

| 投资方名称 | 投资方经济性质 | 投资比例 | 证件种类 | 证件号码 | | 国籍或地址 | |
|---|---|---|---|---|---|---|---|
| | | | | | | | |
| | | | | | | | |

| 自然人投资比例 | | 外资投资比例 | | 国有投资比例 | | | |
|---|---|---|---|---|---|---|---|

| 分支机构名称 | | 注册地址 | | 纳税人识别号 | | | |
|---|---|---|---|---|---|---|---|
| | | | | | | | |
| | | | | | | | |

续表

| 总机构名称 | | 纳税人识别号 | |
|---|---|---|---|
| 注册地址 | | 经营范围 | |
| 法定代表人姓名 | | 联系电话 | | 注册地址邮政编码 | |

| 代扣代缴代收代缴税款业务情况 | 代扣代缴、代收代缴税款业务内容 | 代扣代缴、代收代缴税种 |
|---|---|---|
| | | |
| | | |

附报资料：

| 经办人签章：<br>_____年___月___日 | 法定代表人(负责人)签章：<br>_____年___月___日 | 纳税人公章：<br>_____年___月___日 |
|---|---|---|

以下由税务机关填写：

| 纳税人所处街乡 | | 隶属关系 | |
|---|---|---|---|
| 国税主管税务局 | | 国税主管税务所(科) | 是否属于国税、地税共管户 | |
| 地税主管税务局 | | 地税主管税务所(科) | | |

| 经办人(签章)：<br>国税经办人：_____<br>地税经办人：_____<br><br>受理日期：<br>_____年___月___日 | 国家税务登记机关<br>(税务登记专用章)：<br><br>核准日期：<br>_____年___月___日<br>国税主管税务机关： | 地方税务登记机关<br>(税务登记专用章)：<br><br>核准日期：<br>_____年___月___日<br>地税主管税务机关： |
|---|---|---|

| 国税核发《税务登记证副本》数量：　　本　　发证日期：_____年___月___日 |
|---|

| 地税核发《税务登记证副本》数量：　　本　　发证日期：_____年___月___日 |
|---|

表 1-2 　　　　　　　　　　　　　　纳税人税种登记表

纳税人识别号 | | | | | | | | | | | | | | | | | | |

纳税人名称：　　　　　　　　　　　　　　　　法定代表人：

| 一、增值税： | | | |
|---|---|---|---|
| 类别 | 货物或加工、修理修配 | 主营 | |
| | | 兼营 | |
| | 交通运输和应税服务 | 本栏目为单选。根据实际经营项目，在下列选项中勾选一项主营项目。<br>陆路运输：公路货运□　公路客运□　缆车货运□　缆车客运□　索道货运□　索道客运□　其他陆路货运□　其他陆路客运□<br>水路运输：程租货运□　程租客运□　期租货运□　期租客运□　其他水路货运□　其他水路客运□<br>航空运输：湿租货运□　湿租客运□　其他航空货运□　其他航空客运□<br>管道运输：管道货运□　管道客运□<br>研发和技术服务：研发服务□　向境外单位提供研发服务□　技术转让服务□　技术咨询服务□　合同能源管理服务□　工程勘察勘探服务□<br>信息技术服务：软件服务□　电路设计及测试服务□　信息系统服务□　业务流程管理服务□　离岸服务外包□<br>文化创意服务：设计服务□　向境外单位提供设计服务□　商标著作权转让服务□　知识产权服务□　广告服务□　会议展览服务□<br>物流辅助服务：航空服务□　港口码头服务□　货运客运场站服务□　打捞救助服务□　货物运输代理服务□　代理报关服务□　仓储服务□　装卸搬运服务□<br>有形动产租赁服务：有形动产融资租赁□　有形动产经营性租赁光租业务□　有形动产经营性租赁干租业务□　其他有形动产经营性租赁□<br>鉴证咨询服务：认证服务□　鉴证服务□　咨询服务□ | |
| 经营方式 | 1. 境内经营货物□　2. 境内加工修理□　3. 境内交通运输□　4. 境内应税服务□<br>5. 自营出口□　6. 间接出口□　7. 收购出口□　8. 加工出口□ | | |

备注：

| 二、消费税： | | | |
|---|---|---|---|
| 类别 | 1. 生产　　□<br>2. 委托加工□<br>3. 批发　　□<br>4. 零售　　□ | 应税消费品名称 | 1. 烟□　2. 酒及酒精□　3. 化妆品□　4. 贵重首饰及珠宝玉石□　5. 鞭炮、烟火□　6. 成品油□　7. 汽车轮胎□　8. 摩托车□　9. 小汽车□　10. 高尔夫球及球具□　11. 高档手表□　12. 游艇□　13. 木制一次性筷子□　14. 实木地板□ |

续表

| 经营方式 | 1. 境内销售□  2. 委托加工出口□  3. 自营出口□  4. 境内委托加工□ |
|---|---|
| 备注： | |

**三、个人所得税：**

| 类别 | 1. 工资薪金所得□  2. 个体工商户生产经营所得□  3. 企事业单位承包经营所得□  4. 劳务报酬所得□  5. 稿酬所得□  6. 特许权使用费所得□  7. 利息、股息、红利所得□  8. 财产转让所得□  9. 财产租赁所得□  10. 偶然所得□  11. 其他所得□ |
|---|---|
| 是否扣缴个人所得税 | 1. 扣缴个人所得税（　　）2. 不扣缴个人所得税（　　） |
| 备注： | |

**四、企业所得税：**

| 居民企业 | 征收方式：□查账征收  □核定征收  预缴期限：□按月预缴  □按季预缴  预缴方式：□据实预缴  □按上年度四分之一或十二分之一  □按税务机关认可的其他方式  纳税方式：□汇总纳税 □非汇总纳税 |
|---|---|
| 非居民企业法定或申请纳税方式 | 1. 据实纳税□  2. 按收入总额核定应纳税所得额计算纳税□  3. 按经费支出换算收入计算纳税□  4. 航空、海运企业纳税方式□  5. 其他纳税方式□ |
| 备注： | |

| 五、城市维护建设税：1. 市区□  2. 县城镇□  3. 其他□ |
|---|
| 六、教育费附加： |
| 七、地方教育费附加： |
| 八、其他： |

以上内容纳税人必须如实填写，如内容发生变化，应及时办理变更登记。

【知识链接】

在"五证合一，一照一码"登记制度下，纳税人识别号为18位码：第1位为登记管理部门代码，第2位为机构类别代码，最后1位为随机校验码。对于已经采用"五证合一"的省份，可以在所有现有纳税人识别号的前面加"91"两位数，在最后加上"1"使其成为18位码。

# 项目二 | 税务认定及发票领购流程实训

## 实训一 税务认定

### 一、实训目标

掌握纳税义务人纳税身份认定。

### 二、实训过程

根据实训资料填写《增值税一般纳税人登记表》。

### 三、实训资料

以贵州醉美酒业股份有限公司为例，填写《增值税一般纳税人登记表》（见表2-1）

表 2-1　　　　　　　　　增值税一般纳税人资格登记表

| 纳税人名称 | | | 纳税人识别号 | |
|---|---|---|---|---|
| 法定代表人<br>（负责人、业主） | | 证件名称及号码 | 联系电话 | |
| 财务负责人 | | 证件名称及号码 | 联系电话 | |
| 办税人员 | | 证件名称及号码 | 联系电话 | |
| 税务登记日期 | | | | |
| 生产经营地址 | | | | |
| 注册地址 | | | | |

续表

| | |
|---|---|
| 纳税人类别：企业□　非企业性单位□　个体工商户□　其他□ | |
| 主营业务类别：工业□　商业□　服务业□　其他□ | |
| 会计核算健全：是□ | |
| 一般纳税人资格生效之日：当月1日□　　　　次月1日□ | |
| 纳税人（代理人）承诺：<br>　　上述各项内容真实、可靠、完整。如有虚假，愿意承担相关法律责任。<br><br><br>　　　　　　　　经办人：　　　　法定代表人：　　代理人：　　　（签章）<br>　　　　　　　　　　　　　　　　　　　　　　　　　　　　　年　月　日 | |
| 以下由税务机关填写 | |
| 主管税务<br>机关受理<br>情况 | 受理人：　　　　　　　　　　　　　　　主管税务机关（章）<br>　　　　　　　　　　　　　　　　　　　　　　　年　月　日 |

**【填表说明】**

（1）本表由纳税人如实填写。

（2）表中"证件名称及号码"相关栏次，根据纳税人的法定代表人、财务负责人、办税人员的居民身份证、护照等有效身份证件及号码填写。

（3）表中"一般纳税人资格生效之日"由纳税人自行勾选。

（4）主管税务机关（章）指各办税服务厅业务专用章。

（5）本表一式二份，主管税务机关和纳税人各留存一份。

**【知识链接】**

增值税一般纳税人资格实行登记制，登记事项由增值税纳税人向其主管税务机关办理。

（1）年应税销售额或应税服务年销售额未超过增值税小规模纳税人标准以及新开业的增值税纳税人，可以向主管税务机关申请增值税一般纳税人资格登记。

（2）增值税纳税人，年应税销售额超过规定标准的，除符合有关规定选择按小规模纳税人纳税的，应当向主管税务机关申请一般纳税人登记。

年应税销售额，是指纳税人在连续不超过12个月的经营期内累计应征增值税销售额，包括免税销售额。

# 实训二　发票领购及红字增值税发票开具

## 一、实训目的

掌握发票的领购业务流程及红字增值税发票开具流程。

## 二、实训过程

（1）根据实训资料填写《纳税人领用发票票种核定表》。

（2）根据实训资料填写《税务行政许可申请表》。

（3）根据实训资料填写《增值税专用发票最高限额申请单》。

（4）根据实训资料填定《开具红字增值税专用发票信息表》。

## 三、实训资料

1. 以贵州醉美酒业股份有限公司为例，填写《纳税人领用发票票种核定表》（见表2-2）

表 2-2　　　　　　　　　　　纳税人领用发票票种核定表

| 纳税人识别号 | | | | | | | |
|---|---|---|---|---|---|---|---|
| 纳税人名称 | | | | | | | |
| 领票人 | | 联系电话 | | 身份证件类型 | | 身份证件号码 | |
| | | | | | | | |
| 发票种类名称 | 发票票种核定操作类型 | 单位（数量） | 每月最高领票数量 | 每次最高领票数量 | 持票最高数量 | 定额发票累计领票金额 | 领票方式 |
| | | | | | | | |
| | | | | | | | |
| 纳税人（签章） | | | | | | | |
| 经办人：　　　法定代表人（业主、负责人）：　　　填表日期：　　年　月　日 | | | | | | | |
| 发票专用章印模： | | | | | | | |

【填表说明】

（1）本表依据《中华人民共和国发票管理办法》第十五条设置。

（2）适用范围：本表适用于需要领用发票的单位和个人，向主管税务机关办理发票领用手续时使用。

（3）具体说明：

①身份证件类型：是指领票人的居民身份证、护照或者其他能证明经办人身份的证件；

②发票种类名称：根据《发票种类代码表》的"名称"列填写，详见附件；

③申请发票票种核定操作类型：填写增加、变更或删除；

④领票方式：填写验旧领新、交旧领新、批量供应或其他。

（4）本表一式一份，由纳税人主管税务机关留存。

2. 以贵州醉美酒业股份有限公司为例，填写《纳税人领用发票票种核定表》（见表2-3）

表2-3　　　　　　　　　　　**税务行政许可申请表**

申请日期：　　年　月　日

| 申请人 | 申请人名称 | | | |
|---|---|---|---|---|
| | 统一社会信用代码（纳税人识别号） | | | |
| | 法定代表人（负责人） | | | |
| | 地址及邮政编码 | | | |
| | 经办人 | | 身份证件号码 | |
| | 联系电话 | | 联系地址 | |
| | 委托代理人 | | 身份证件号码 | |
| | 联系电话 | | 联系地址 | |
| 申请事项 | □企业印制发票审批<br>□对纳税人延期申报的核准<br>□对纳税人延期缴纳税款的核准<br>□对纳税人变更纳税定额的核准<br>□增值税专用发票（增值税税控系统）最高开票限额审批<br>□对采取实际利润额预缴以外的其他企业所得税预缴方式的核定<br>□非居民企业选择由其主要机构场所汇总缴纳企业所得税的审批 | | | |

续表

| 申请材料 | 除提供经办人身份证件（□）外，应根据申请事项提供以下相应材料：<br>**一、企业印制发票审批**<br>□1. 税务登记证件<br>□2.《印刷经营许可证》或《其他印刷品印制许可证》<br>□3. 生产设备、生产流程及安全管理制度<br>□4. 生产工艺及产品检验制度<br>□5. 保存、运输及交付相关制度<br>**二、对纳税人延期缴纳税款的核准**<br>□1.《延期缴纳税款申请审批表》<br>□2. 纳税人申请延期缴纳税款报告（详细说明申请延期原因，人员工资、社会保险费支出情况，连续3个月缴纳税款情况）<br>□3. 当期货币资金余额情况及所有银行存款账户的对账单<br>□4. 应付职工工资和社会保险费等省税务机关要求提供的支出预算<br>□5.《资产负债表》<br>□6. 因不可抗力，导致纳税人发生较大损失，正常生产经营活动受到较大影响的，应报送因不可抗力的灾情报告或公安机关出具的事故证明<br>**三、对纳税人延期申报的核准**<br>□1.《延期申报申请核准表》<br>□2. 确有困难不能正常申报的情况说明<br>**四、对纳税人变更纳税定额的核准**<br>□申请变更纳税定额的相关证明材料<br>**五、增值税专用发票（增值税税控系统）最高开票限额审批**<br>□增值税专用发票最高开票限额申请单<br>**六、对采取实际利润额预缴以外的其他企业所得税预缴方式的核定**<br>□按照月度或者季度的实际利润额预缴确有困难的证明材料<br>**七、非居民企业选择由其主要机构场所汇总缴纳企业所得税的审批**<br>□1. 汇总缴纳企业所得税的机构、场所对其他机构、场所负有管理责任的证明材料<br>□2. 设有完整的账簿、凭证，能够准确反映各机构、场所的收入、成本、费用和盈亏情况的证明材料<br>委托代理人提出申请的，还应当提供代理委托书（□）、代理人身份证件（□）。 |
|---|---|

收件人： 收件日期： 年 月 日

编 号：

3. 以贵州醉美酒业股份有限公司为例，填写《增值税专用发票最高限额申请单》（见表2-4）

表 2-4

| 纳税人声明本表所报送的内容正确无误，所提交的证明文件和资料真实有效。如有虚假，愿意承担相应的法律责任。<br>（签章） |
| :-- |

**增值税专用发票最高开票限额申请单**

填表日期□□□□年□□月□□日

统一社会信用代码□□□□□□□□□□□□□□□□□□

企业名称＿＿＿＿＿＿＿＿＿＿＿＿＿＿＿＿＿＿＿＿

| 申请事项（由纳税人填写） | 地　　址 | | 联系电话 | |
| :-- | :-- | :-- | :-- | :-- |
| | 购票人信息 | | | |
| | 申请增值税专用发票（增值税税控系统）最高开票限额 | □初次　　□变更　　（请选择一个项目并在□内打"✓"） | | |
| | | □一亿元　□一千万元　□一百万元<br>□十万元　□一万元　□一千元<br>（请选择一个项目并在□内打"✓"） | | |
| | 申请理由：<br><br>经办人（签字）：　　　　　　　　纳税人（印章）：<br>　年　月　日　　　　　　　　　　年　月　日 | | | |
| 主管税务分局意见 | 发票种类 | | 批准最高开票限额 | |
| | 增值税专用发票（增值税税控系统） | | | |
| | 经办人（签字）：　　批准人（签字）：　　税务机关（印章）：<br>　年　月　日　　　　年　月　日　　　　年　月　日 | | | |
| 地方税务机关意见 | 发票种类 | | 批准最高开票限额 | |
| | 增值税专用发票（增值税税控系统） | | | |
| | 经办人（签字）：　　批准人（签字）：　　税务机关（印章）：<br>　年　月　日　　　　年　月　日　　　　年　月　日 | | | |

注：本申请表一式两联；第一联由申请纳税人留存；第二联由税务机关留存。

4. 以贵州醉美酒业股份有限公司为例，填写《开具红字增值税专用发票信息表》（见表 2-5）

贵州醉美酒业股份有限公司上月销售给贵阳市烟酒公司的白酒（56 度）1600 箱，不含税价为 520 元/箱，由于开票员操作失误，增值税专用发票的购买方信息填写错误，购买方拒收该发票，本月将发票退回。对应原发票代码为 5200141132，发票号码为 00113401。

表 2-5 开具红字增值税专用发票信息表

| 销售方 | 名 称 | | | 购买方 | 名 称 | | |
|---|---|---|---|---|---|---|---|
| | 纳税人识别号 | | | | 纳税人识别号 | | |
| 开具红字专用发票 | 货物（劳务服务）名称 | 数量 | 单价 | 金额 | 税率 | 税额 | |
| | | | | | | | |
| | 合计 | | | | | | |
| 说明 | 一、购买方□<br>　对应蓝字专用发票抵扣增值税销项税额情况：<br>　1. 已抵扣□<br>　2. 未抵扣□<br>　（1）无法认证□<br>　（2）纳税人识别号认证不符□<br>　（3）增值税专用发票代码、号码认证不符□<br>　（4）所购货物或劳务、服务不属于增值税扣税项目范围□<br>　对应蓝字专用发票的代码：＿＿＿＿＿＿ 号码：＿＿＿＿＿＿<br>二、销售方□<br>　1. 因开票有误购买方拒收的□<br>　2. 因开票有误等原因尚未交付的□<br>　对应蓝字专用发票的代码：＿＿＿＿＿＿ 号码：＿＿＿＿＿＿ | | | | | | |
| 红字发票信息表编号 | | | | | | | |

【填表说明】

（1）本信息表一式三联：第一联，申请方主管税务机关留存；第二联，申请方送交对方留存第三联，申请方留存。

（2）信息表应与申请单一一对应。

**【知识链接】**

1. 红字增值税专用发票开具

增值税一般纳税人开具增值税专用发票（以下简称专用发票）后，发生销货退回、开票有误、应税服务中止等情形但不符合发票作废条件，或者因销货部分退回及发生销售折让，需要开具红字专用发票的，按以下方法处理：

（1）购买方取得专用发票已用于申报抵扣的，购买方可在增值税发票管理新系统（以下简称新系统）中填开并上传《开具红字增值税专用发票信息表》（以下简称《信息表》），在填开《信息表》时不填写相对应的蓝字专用发票信息，应暂依《信息表》所列增值税税额从当期进项税额中转出，待取得销售方开具的红字专用发票后，与《信息表》一并作为记账凭证。专用发票未用于申报抵扣、发票联或抵扣联无法退回的，购买方填开《信息表》时应填写相对应的蓝字专用发票信息。

销售方开具专用发票尚未交付购买方，以及购买方未用于申报抵扣并将发票联及抵扣联退回的，销售方可在新系统中填开并上传《信息表》。销售方填开《信息表》时应填写相对应的蓝字专用发票信息。

（2）主管税务机关通过网络接收纳税人上传的《信息表》，系统自动校验通过后，生成带有"红字发票信息表编号"的《信息表》，并将信息同步至纳税人端系统中。

（3）销售方凭税务机关系统校验通过的《信息表》开具红字专用发票，在新系统中以销项负数开具。红字专用发票应与《信息表》一一对应。

（4）纳税人也可凭《信息表》电子信息或纸质资料到税务机关对《信息表》内容进行系统校验。

2. 税务机关为小规模纳税人代开红字专用发票如何处理

税务机关为小规模纳税人代开专用发票，需要开具红字专用发票的，按照一般纳税人开具红字专用发票的方法处理。

3. 开具红字增值税普通发票以及红字机动车销售统一发票有何规定

纳税人需要开具红字增值税普通发票的，可以在所对应的蓝字发票金额范围内开具多份红字发票。红字机动车销售统一发票需与原蓝字机动车销售统一发票一一对应。

# 项目三 | 增值税纳税实训

## 实训一 一般纳税人增值税税额的计算与核算

### 一、实训目标

（1）根据各经济业务的原始凭证，分析并确定该业务是否应计算抵扣进项税及该业务是否应征收增值税销项税。

（2）根据原始凭证，计算本期应缴纳的增值税税额并进行相应账务处理。

### 二、实训过程

（1）能够根据原始凭证，确定增值税的销项税和确定可抵扣进项税。

（2）能够正确计算销项税额、进项税额和应缴纳税金。

（3）根据经济业务的原始凭证编制记账凭证。

（4）根据记账凭证登记"应交税费—应交增值税"明细账。

### 三、实训资料

贵州电视机制造有限公司是一家以电视机为主要产品的家电制造企业，为增值税一般纳税人，适用税率17%，上期留抵税额2342.80元，执行《企业会计准则》公司基本资料如下：

开户行：建设银行贵阳省新支行

账　　号：415135161353×××

纳人识别号：9152010353135×××

主管税务机关：贵州国税南明分局

经营地址：贵阳市南明区沙冲路218号 0851-8551××××

公司原材料采用实际成本核算，公司本月进项发票全部通过税控系统验证通过。

贵州电视机制造有限公司 2017 年 7 月份经济业务如下：

**【业务 1】** 1 日，向贵阳麒麟硅片技术有限公司购买原材料单晶硅片规格 18 英寸的 80 片，每片 800 元，金额 64000 元，增值税额 10880 元，取得增值税专用发票，材料已验收入库。另支付贵阳时代运输有限公司运费 1110 元（含税），取得货物运输业增值税专用发票，材料款和运费已用银行存款支付。

**原始凭证**（见表 3-1 至表 3-7）

表 3-1

| 货物或应税劳务、服务名称 | 规格型号 | 单位 | 数量 | 单价 | 金额 | 税率 | 税额 |
|---|---|---|---|---|---|---|---|
| 单晶硅片 | 18英寸 | 片 | 80.00 | 800.00 | 64000.00 | 17% | 10880.00 |
| 合 计 | | | | | ￥64000.00 | | ￥10880.00 |

贵州增值税专用发票　NO 00623890

5201005201

开票日期:2017年7月1日

购买方　名　称：贵州电视机制造有限公司　纳税人识别号：9152010353135××××　地址、电话：贵阳市南明区沙冲路218号 0851-8551××××　开户行及账号：建设银行贵阳省新支行 415135161353××××

价税合计（大写）　柒万肆仟捌佰捌拾元整　（小写）￥74880.00

销售方　名　称：贵阳麒麟硅片技术有限公司　纳税人识别号：520101388833××××　地址、电话：贵阳市南路19号 0851-8551××××　开户行及账号：农业银行贵阳新华支行 63551127908××××

收款人：曲×　复核：祁××　开票人：张×　销售方：发票专用章

表 3-2

中国建设银行
转账支票存根
IX 68069501

科　　目：

对方科目：

签发日期：2017 年 7 月 1 日

收款人：贵阳麒麟硅片技术有限公司

金　额：￥74880.00

用　途：购晶片款

单位主管　　　会计

表3-3

表3-4

**入库单　　No000981**

送货厂商：贵阳麒麟硅片技术有限公司

物料类别：☑ 原材料　☐ 成品　☐ 其他　　　2017 年 07 月 01 日

| 品名/牌号 | 订单号 | 规格 | 数量 | 单位 | 单价 | 金额 | |
|---|---|---|---|---|---|---|---|
| 单晶硅片 | | 18英寸 | 80 | 片 | 800.00 | 64000.00 | 第二联交财务部 |
| | | | | | | | |
| | | | | | | | |
| | | | | | | | |

主管：肖×× 　　品管：陈×× 　　仓库：罗× 　　　送货人：

表3-5

表 3-6

中国建设银行
转账支票存根
IX 68069502

科　　目：
对方科目：
签发日期：2017 年 7 月 1 日

收款人：贵阳时代运输有限公司
金　额：¥1110.00
用　途：运费

单位主管　　　　　　会计

表 3-7

货物运输业增值税专用发票　No

开票日期：2017年7月1日

| 承运人及纳税人识别号 | 贵阳时代运输有限公司 52010015151×××× | | >/59220556+4/75>+980/>/59220556+4/75 | |
| 实际受票方及纳税人识别号 | 贵州电视机制造有限公司 9152010353135×××× | | >/59220556+4/75>+980/>/59220556+4/75 | |
| 收货人及纳税人识别号 | 贵州电视机制造有限公司 9152010353135×××× | 发货人及纳税人识别号 | 贵阳麒麟硅片技术有限公司 520101388833×××× | |
| 起运地、经由、到达地 | | | | |
| 费用项目 | 金额 | 费用项目 | 金额 | 运输货物信息 |
| 运费 | 1000 | | | |
| 合计金额 | 1000 | 税率 11% | 税额 110.00 | 机器编号 |
| 价税合计（大写） | 壹仟壹佰壹拾元整 | | (小写) ¥1110.00 | |
| 车种车号 | | 车船吨位 | | 备注 |
| 主管税务机关及代码 | 贵阳小河区国家税务局 520103001 | | | |

国税函 (2014) 257 号 浙江省印厂

收款人：　　　　复核人：　　　　开票人：　　　　承运人：（章）

第三联 发票联 受票方付款凭证

贵阳时代运输有限公司
520100151512456
发票专用章

**编制和审核记账凭证**

附记账凭证 2 张（见表 3-8、表 3-9）

表 3-8

### 记 账 凭 证

年　月　日

字第　　号
附件　　张

| 摘 要 | 总账科目 | 明细科目 | 借方金额 | | | | | | | | | | 记账符号 | 贷方金额 | | | | | | | | | | 记账符号 |
|---|---|---|---|---|---|---|---|---|---|---|---|---|---|---|---|---|---|---|---|---|---|---|---|---|
| | | | 亿 | 千 | 百 | 十 | 万 | 千 | 百 | 十 | 元 | 角 | 分 | | 亿 | 千 | 百 | 十 | 万 | 千 | 百 | 十 | 元 | 角 | 分 | |
| | | | | | | | | | | | | | | | | | | | | | | | | | |
| | | | | | | | | | | | | | | | | | | | | | | | | | |
| | | | | | | | | | | | | | | | | | | | | | | | | | |
| | | | | | | | | | | | | | | | | | | | | | | | | | |
| 结算方式及票号： | | 合　计 | | | | | | | | | | | | | | | | | | | | | | | |

会计主管　　　　　记账　　　　　复核　　　　　制证

表 3-9

### 记 账 凭 证

年　月　日

字第　　号
附件　　张

| 摘 要 | 总账科目 | 明细科目 | 借方金额 | | | | | | | | | | 记账符号 | 贷方金额 | | | | | | | | | | 记账符号 |
|---|---|---|---|---|---|---|---|---|---|---|---|---|---|---|---|---|---|---|---|---|---|---|---|---|
| | | | 亿 | 千 | 百 | 十 | 万 | 千 | 百 | 十 | 元 | 角 | 分 | | 亿 | 千 | 百 | 十 | 万 | 千 | 百 | 十 | 元 | 角 | 分 | |
| | | | | | | | | | | | | | | | | | | | | | | | | | |
| | | | | | | | | | | | | | | | | | | | | | | | | | |
| | | | | | | | | | | | | | | | | | | | | | | | | | |
| | | | | | | | | | | | | | | | | | | | | | | | | | |
| 结算方式及票号： | | 合　计 | | | | | | | | | | | | | | | | | | | | | | | |

会计主管　　　　　记账　　　　　复核　　　　　制证

【知识链接】

1. 增值税进项税额的概念

进项税额，是指纳税人购进货物或者接受加工、修理修配劳务或者购进服务、无形资产或者不动产，支付或者负担的增值税税额。当期销项税额小于当期进项税额不足抵扣时，其不足部分可以结转下期继续抵扣。

进项税额是纳税人在抵扣前所支付或者负担的增值税税额，其有三个方面的意义：

（1）可以抵扣进项税额的，必须是增值税一般纳税人。

（2）产生进项税额的行为必须是购进货物或者接受加工、修理修配劳务或者购进服务、无形资产或者不动产。

（3）支付或者负担的增值税税额是指支付给销货方、应税劳务和服务、无形资产或者不动产的提供方，或者购买方自己负担的增值税税额。

2. 进项税额准予从销项税额中抵扣的情形

在准予抵扣的情形中，主要分为凭票抵扣税额和计算抵扣税额，凭票抵扣又分为当期抵扣和分期抵扣，计算抵扣主要是针对收购农产品而言。

（1）一般情形下——凭票抵扣。

购进方的进项税额一般由销售方的销项税额对应构成。故进项税额在正常情况下是：

①从销售方取得的《增值税专用发票》（含税控《机动车销售统一发票》）上注明的增值税额。

②从海关取得的《海关进口增值税专用缴款书》上注明的增值税额。

③购进农产品，全部取得《增值税专用发票》或《海关进口增值税专用缴款书》，可以按照注明的增值税额进行抵扣；未全部取得的，采取《农产品增值税进项税额核定扣除办法》进行抵扣。

④从境外单位或者个人购进服务、无形资产或者不动产，自税务机关或者扣缴义务人取得的解缴税款的完税凭证上注明的增值税额。

**提示**：增值税专用发票抵扣需要当月进行认证或勾选，认证相符或确认勾选的，应在次月申报期进行申报抵扣，否则不予抵扣。海关进口增值税专用缴款书需要进行"先比对后抵扣"，稽核比对结果为相符的，应于稽核比对相符的当月申报期内进行申报抵扣，否则不予抵扣。

随着"营改增"全面开展，目前可抵扣增值税进项税额的扣税凭证如表3-10所示：

表3-10

| 扣税凭证 | 适用情形 | 备注 |
| --- | --- | --- |
| 1. 增值税专用发票 | 境内采购货物和接受应税劳务、服务，购买无形资产、不动产的增值税一般纳税人 | 由境内供货方或提供劳务方、转让方开具，抑或由其主管税务机关代开 |
| 2. 机动车销售统一发票 | 购买机动车 | 由境内供货方开具，或由其主管税务机关代开 |
| 3. 农产品收购发票 | 收购免税农产品 | 收购方开具 |
| 4. 农产品销售发票 | | 销售方开具 |
| 5. 海关进口增值税缴款书 | 进口货物 | 报关地海关开具 |
| 6. 完税凭证 | 从境外单位或者个人购进服务、无形资产或者不动产 | 自税务机关或者扣缴义务人取得的解缴税款的完税凭证 |

（2）特殊情形之一——计算抵扣。

计算抵扣购进农产品的进项税。

购进方没有取得增值税专用发票、海关进口增值税专用缴款书、完税凭证，但可以自行计算进项税额抵扣的情形——购进农产品，除取得增值税专用发票或者海关进口增值税专用缴款书外，按照农产品收购发票或者销售发票上注明的农产品买价和扣除率计算进项税额抵扣。

$$进项税额 = 买价 \times 扣除率$$

2017 年 4 月 28 日，财税〔2017〕37 号公布《财政部 国家税务总局关于简并增值税税率有关政策的通知》，自 2017 年 7 月 1 日起，简并增值税税率结构，取消 13% 的增值税税率，并对一般纳税人购进农产品扣除率进行了相应的调整。根据文件内容显示，自 2017 年 7 月 1 日起，一般纳税人购进农产品一部分按 11% 抵扣、一部分可按 13% 抵扣，有些不得抵扣，具体情形如表 3-11 所示。

表 3-11

| 销售或进口农产品情形 | 销售方 | 购进方（一般纳税人） | |
| --- | --- | --- | --- |
| | | 一般情形 | 特殊情形 |
| 1. 一般纳税人销售自产农产品 | 免税，开具普通发票 | 抵扣 11% | 抵扣 13% |
| 2. 小规模纳税人销售自产农产品 | 免税，开具或申请代开普通发票 | 抵扣 11% | 抵扣 13% |
| 3. 农户销售自产农产品 | 免税，销售方不开发票 | 购买方开具收购发票，抵扣 11% | 购买方开具收购发票，抵扣 13% |
| 4. 一般纳税人批发、零售农产品，未享受免征增值税的 | 税率 11%，开具专用发票 | 抵扣 11% | 抵扣 13% |
| 5. 小规模纳税人批发、零售农产品，未享受免征增值税的 | 征收率 3%，申请代开专用发票 | 抵扣 11% | 抵扣 13% |
| 6. 一般纳税人批发、零售农产品，享受免征增值税的 | 免税，开具普通发票 | 不得抵扣 | 不得抵扣 |
| 7. 小规模纳税人批发、零售农产品，享受免征增值税的 | 免税，开具或申请代开普通发票 | 不得抵扣 | 不得抵扣 |

续表

| 销售或进口农产品情形 | 销售方 | 购进方（一般纳税人） | |
| --- | --- | --- | --- |
| | | 一般情形 | 特殊情形 |
| 8. 国有粮食购销企业销售粮食和大豆 | 免税，开具专用发票 | 抵扣 11% | 抵扣 13% |
| 9. 进口农产品 | 不征税 | 进口时，按 11% 税率缴纳进口增值税，取得海关进口增值税专用缴款书；税务机关稽核比对相符后，抵扣 11% | 进口时，按 11% 税率缴纳进口增值税，取得海关进口增值税专用缴款书；税务机关稽核比对相符后，抵扣 13% |

注：特殊情况为营业税改征增值税试点期间，纳税人购进用于生产销售或委托受托加工 17%税率货物的农产品；除此之外为一般情况。

（3）特殊情形之二——按比例分次抵扣进项税。

①适用一般计税方法的试点纳税人，2016 年 5 月 1 日后取得并在会计制度上按固定资产核算的不动产或者 2016 年 5 月 1 日后取得的不动产在建工程，其进项税额应自取得之日起分 2 年从销项税额中抵扣，第一年抵扣比例为 60%，第二年抵扣比例为 40%。

抵扣时间。60%的部分于取得扣税凭证的当期从销项税额中抵扣；40%的部分为待抵扣进项税额，于取得扣税凭证的当月起第 13 个月从销项税额中抵扣。

②融资租入的不动产以及在施工现场修建的临时建筑物、构筑物，其进项税额不适用分 2 年抵扣的规定。

③纳税人 2016 年 5 月 1 日后购进货物和设计服务、建筑服务，用于新建不动产，或者用于改建、扩建、修缮、装饰不动产并增加不动产原值超过 50%的，其进项税额分 2 年从销项税额中抵扣。

④已抵扣进项税额的不动产，发生非正常损失，或者改变用途，专用于简易计税方法计税项目、免征增值税项目、集体福利或者个人消费的，按照下列公式计算不得抵扣的进项税额：

不得抵扣的进项税额 =（已抵扣进项税额+待抵扣进项税额）×不动产净值率

$$不动产净值率 = \frac{不动产净值}{不动产原值} \times 100\%$$

⑤按照规定不得抵扣进项税额的不动产，发生用途改变，用于允许抵扣进项税额项目的，按照下列公式在改变用途的次月计算可抵扣进项税额。

可抵扣进项税额=增值税扣税凭证注明或计算的进项税额×不动产净值率

**【业务2】**5日，向贵州吉祥塑料制造有限公司购买原材料铝塑板材 PV-08 90 吨，每吨 1000 元，金额 90000 元，税额 15300 元，取得增值税专用发票，款项未付，材料未收。

**原始凭证**（见表 3-12、表 3-13）

表 3-12

| 5201005201 | 贵州增值税专用发票 | N007023888 |
| --- | --- | --- |

开票日期：2017年7月5日

| 购买方 | 名 称： 贵州电视机制造有限公司 |
| --- | --- |
| | 纳税人识别号：9152010353135XXXX |
| | 地址、电话：贵阳市南明区沙冲路218号 0851-8551XXXX |
| | 开户行及账号：建设银行贵阳省新支行 415135161353XXXX |

密码区：67/*+3*0/611*++0/+0*/*+3+2/9 *11++66666**066611*+66666 1**+216***6000*261*2*4/*547 203994+-42*64151*6915361/3*

| 货物或应税劳务、服务名称 | 规格型号 | 单位 | 数量 | 单价 | 金额 | 税率 | 税额 |
| --- | --- | --- | --- | --- | --- | --- | --- |
| 铝塑板材 | PV-08 | 吨 | 90.00 | 1000.00 | 90000.00 | 17% | 15300.00 |
| 合 计 | | | | | ¥ 90000.00 | | ¥ 15300.00 |

| 价税合计（大写） | 壹拾万伍仟叁佰元整 | （小写）¥ 105300.00 |
| --- | --- | --- |

| 销售方 | 名 称： 贵州吉祥塑料制造有限公司 |
| --- | --- |
| | 纳税人识别号：5201023887XXXX |
| | 地址、电话：贵阳市高新路10号 0851-8481XXXX |
| | 开户行及账号：建设银行贵阳高新支行 6355112790907XXXX |

收款人：黄X 复核：肖X 开票人：刘X 销售方：（发票专用章）

表 3-13

| 5201005201 | 增值税专用发票 | N007023888 |
| --- | --- | --- |

开票日期：2017年7月5日

| 购买方 | 名 称： 贵州电视机制造有限公司 |
| --- | --- |
| | 纳税人识别号：9152010353135XXXX |
| | 地址、电话：贵阳市南明区沙冲路218号 0851-8551XXXX |
| | 开户行及账号：建设银行贵阳省新支行 415135161353XXXX |

密码区：67/*+3*0/611*++0/+0*/*+3+2/9 *11++66666*066611*+66666 1**+216***6000*261*2*4/*547 203994+-42*64151*6915361/3*

| 货物或应税劳务、服务名称 | 规格型号 | 单位 | 数量 | 单价 | 金额 | 税率 | 税额 |
| --- | --- | --- | --- | --- | --- | --- | --- |
| 铝塑板材 | PV-08 | 吨 | 90 | 1000.00 | 90000.00 | 17% | 15300.00 |
| 合 计 | | | | | ¥ 90000.00 | | ¥ 15300.00 |

| 价税合计（大写） | 壹拾万伍仟叁佰元整 | （小写）¥ 105300.00 |
| --- | --- | --- |

| 销售方 | 名 称： 贵州吉祥塑料制造有限公司 |
| --- | --- |
| | 纳税人识别号：5201023887XXXX |
| | 地址、电话：贵阳市高新路10号 0851-8481XXXX |
| | 开户行及账号：建设银行贵阳高新支行 6355112790907XXXX |

收款人：黄X 复核：肖X 开票人：刘X 销售方：（发票专用章）

**编制和审核记账凭证**（见表3-14）

表3-14

## 记账凭证

年　　月　　日

<table>
<tr><td rowspan="2">摘　要</td><td rowspan="2">总账科目</td><td rowspan="2">明细科目</td><td colspan="9">借方金额</td><td rowspan="2">记账符号</td><td colspan="9">贷方金额</td><td rowspan="2">记账符号</td></tr>
<tr><td>亿</td><td>千</td><td>百</td><td>十</td><td>万</td><td>千</td><td>百</td><td>十</td><td>元</td><td>角</td><td>分</td><td>亿</td><td>千</td><td>百</td><td>十</td><td>万</td><td>千</td><td>百</td><td>十</td><td>元</td><td>角</td><td>分</td></tr>
<tr><td></td><td></td><td></td><td></td><td></td><td></td><td></td><td></td><td></td><td></td><td></td><td></td><td></td><td></td><td></td><td></td><td></td><td></td><td></td><td></td><td></td><td></td><td></td><td></td></tr>
<tr><td></td><td></td><td></td><td></td><td></td><td></td><td></td><td></td><td></td><td></td><td></td><td></td><td></td><td></td><td></td><td></td><td></td><td></td><td></td><td></td><td></td><td></td><td></td><td></td></tr>
<tr><td></td><td></td><td></td><td></td><td></td><td></td><td></td><td></td><td></td><td></td><td></td><td></td><td></td><td></td><td></td><td></td><td></td><td></td><td></td><td></td><td></td><td></td><td></td><td></td></tr>
<tr><td></td><td></td><td></td><td></td><td></td><td></td><td></td><td></td><td></td><td></td><td></td><td></td><td></td><td></td><td></td><td></td><td></td><td></td><td></td><td></td><td></td><td></td><td></td><td></td></tr>
<tr><td></td><td></td><td></td><td></td><td></td><td></td><td></td><td></td><td></td><td></td><td></td><td></td><td></td><td></td><td></td><td></td><td></td><td></td><td></td><td></td><td></td><td></td><td></td><td></td></tr>
<tr><td colspan="2">结算方式及票号：</td><td>合　计</td><td></td><td></td><td></td><td></td><td></td><td></td><td></td><td></td><td></td><td></td><td></td><td></td><td></td><td></td><td></td><td></td><td></td><td></td><td></td><td></td><td></td><td></td><td></td></tr>
</table>

会计主管　　　　　　记账　　　　　　　复核　　　　　　　制证

【业务3】6日，向贵阳数控设备有限公司购买包装设备数控捆扎机PRE-168一台，单价180000元，增值税额30600元，取得增值税专用发票；运费3000元，增值税330，取得货物运输业专用发票。以上款项用银行存款支付。

**原始凭证**（见表3-15至表3-21）

表3-15

表 3-16

| 货物或应税劳务、服务名称 | 规格型号 | 单位 | 数量 | 单价 | 金额 | 税率 | 税额 |
|---|---|---|---|---|---|---|---|
| 数控捆扎机 | PRE-168 | 台 | 1 | 180000 | 180000.00 | 17% | 30600.00 |
| 合　计 | | | | | ¥ 180000.00 | | ¥ 30600.00 |

开票日期:2017年7月6日

购买方
名　称: 贵州电视机制造有限公司
纳税人识别号: 9152010353135XXXX
地址、电话: 贵阳市南明区沙冲路218号 0851-8551XXXX
开户行及账号: 建设银行贵阳省新支行 415135161353XXXX

密码区
67/*+3*0/611*++0/+0*/*+3+2/9
*11*+66666**066611*+66666*
1**+216***6000*261*2*4/*547
203994+-42*64151*6915361/3*

价税合计(大写) 贰拾壹万零陆佰元整　　　(小写) ¥ 210600.00

销售方
名　称: 贵阳数控设备有限公司
纳税人识别号: 52010236667XXXX
地址、电话: 贵阳市高新路19号 0851-8481XXXX
开户行及账号: 建设银行贵阳高新支行 6355112790807XXXX

收款人: 黄XX　　复核: 肖XX　　开票人: XX　　销售方:

表 3-17

中国建设银行
转账支票存根
IX 68069503

科　　目:
对方科目:
签发日期: 2017 年 7 月 6 日

| 收款人: | 贵阳数控设备有限公司 |
|---|---|
| 金　额: | ¥210600.00 |
| 用　途: | 购设备 |

单位主管　　　　　　会计

表 3-18

货物运输业增值税专用发票　No.00014375

开票日期：2017年7月06日

| 承运人及纳税人识别号 | 贵阳时代运输有限公司 52010015151×××× | 密码区 | >/59220556+4/75>+980/>59220556+4/75 >/59220556+4/75>+980/>59220556+4/75 >/59220556+4/75>+980/>59220556+4/75 >/59220556+4/75>+980/>59220556+4/75 |
|---|---|---|---|
| 实际受票方及纳税人识别号 | 贵州电视机制造有限公司 9152010353135×××× | | |
| 收货人及纳税人识别号 | 贵州电视机制造有限公司 9152010353135×××× | 发货人及纳税人识别号 | 贵阳数控设备有限公司 52010236667×××× |

起运地、经由、到达地

| 费用项目 | 金额 | 费用项目 | 金额 | 运输货物信息 |
|---|---|---|---|---|
| 运费 | 3000 | | | |

| 合计金额 | 3000 | 税率 | 11% | 税额 | 330.00 | 机器编号 | 68991709980 |
|---|---|---|---|---|---|---|---|

价税合计（大写）　叁仟叁佰叁拾元整　　（小写）￥3330.00

| 车种车号 | | 车船吨位 | | 备注 | |
|---|---|---|---|---|---|
| 主管税务机关及代码 | 贵阳市小河区国家税务局 520103001 | | | | |

收款人：　　复核人：　　开票人：　　承运人：

表 3-19

货物运输业增值税专用发票　No.00014375

开票日期：2017年7月6日

| 承运人及纳税人识别号 | 贵阳时代运输有限公司 52010015151×××× | 密码区 | >/59220556+4/75>+980/>59220556+4/75 >/59220556+4/75>+980/>59220556+4/75 >/59220556+4/75>+980/>59220556+4/75 >/59220556+4/75>+980/>59220556+4/75 |
|---|---|---|---|
| 实际受票方及纳税人识别号 | 贵州电视机制造有限公司 9152010353135×××× | | |
| 收货人及纳税人识别号 | 贵州电视机制造有限公司 9152010353135×××× | 发货人及纳税人识别号 | 贵阳数控设备有限公司 52010236667×××× |

起运地、经由、到达地

| 费用项目 | 金额 | 费用项目 | 金额 | 运输货物信息 |
|---|---|---|---|---|
| 运费 | 3000 | | | |

| 合计金额 | 3000 | 税率 | 11% | 税额 | 330.00 | 机器编号 | |
|---|---|---|---|---|---|---|---|

价税合计（大写）　叁仟叁佰叁拾元整　　（小写）￥3330.00

| 车种车号 | | 车船吨位 | | 备注 | |
|---|---|---|---|---|---|
| 主管税务机关及代码 | 贵阳小河区国家税务局 520103001 | | | | |

收款人：　　复核人：　　开票人：　　承运人：（章）

表 3-20

```
┌─────────────────────────────────────┐
│          中国建设银行                  │
│          转账支票存根                  │
│          IX 68069504                  │
│                                       │
│  科    目：                           │
│  对方科目：                           │
│  签发日期：2017 年 7 月 6 日          │
│  ┌─────────────────────────────┐     │
│  │ 收款人：贵阳时代运输有限公司  │     │
│  │ 金  额：¥3330.00            │     │
│  │ 用  途：运费                 │     │
│  └─────────────────────────────┘     │
│                                       │
│  单位主管          会 计             │
└─────────────────────────────────────┘
```

表 3-21　　　　　　　　　　　　　固定资产验收单

| 资产编号 | | 资产名称 | 数控捆扎机 |
|---|---|---|---|
| 规格型号 | PRE-168 | 购置日期 | 2017 年 7 月 6 日 |
| 计量单位 | 台 | 资产金额 | 壹拾捌万叁仟元整 |
| 管理人 | | 刘×× | |
| 生产厂家 | 贵阳数控设备有限公司 | 安装地点 | 生产五车间 |
| 附件情况 | | | |
| 固定资产验收情况说明：<br><br>　　　　　合格 | | | |
| 参加验收人员签字：<br><br>　　　　　王××<br>　　　　　秦××<br>　　　　　杨××<br>　　　　　周　×<br><br>　　　　　　　　　　　　验收日期：2017 年 7 月 6 日 | | | |
| 管理部门经理签字：黄×× | | | |
| 公司总经理签字：黎×× | | | |

注：此表一式三份，使用部门、管理部门、财务部各一份。

**编制和审核记账凭证**

附记账凭证 2 张（见表 3-22、表 3-23）

表 3-22

## 记账凭证

年　月　日　　　　　字第　　　号
附件　　　张

| 摘要 | 总账科目 | 明细科目 | 借方金额 亿千百十万千百十元角分 | 记账符号 | 贷方金额 亿千百十万千百十元角分 | 记账符号 |
|---|---|---|---|---|---|---|
| | | | | | | |
| | | | | | | |
| | | | | | | |
| | | | | | | |
| | | | | | | |
| 结算方式及票号： | | 合计 | | | | |

会计主管　　　记账　　　复核　　　制证

表 3-23

## 记账凭证

年　月　日　　　　　字第　　　号
附件　　　张

| 摘要 | 总账科目 | 明细科目 | 借方金额 亿千百十万千百十元角分 | 记账符号 | 贷方金额 亿千百十万千百十元角分 | 记账符号 |
|---|---|---|---|---|---|---|
| | | | | | | |
| | | | | | | |
| | | | | | | |
| | | | | | | |
| | | | | | | |
| 结算方式及票号： | | 合计 | | | | |

会计主管　　　记账　　　复核　　　制证

【业务4】8日，向贵阳国强家电有限公司销售18英寸Q型平面电视机300台，单价3000元，金额900000元，增值税额153000元，款项已收存银行。

原始凭证（见表 3-24、表 3-25）

表 3-24

| | | | | | | | | | |
|---|---|---|---|---|---|---|---|---|---|
| | | | 贵州增值税专用发票 | | | NO 00113419 | | | |

开票日期:2017年7月8日

| 购买方 | 名　称: | 贵阳国强家电有限公司 | | | | 密码区 | 67/*+3*0/611++0/+0*/*+3+2/9 |
|---|---|---|---|---|---|---|---|
| | 纳税人识别号: | 52029999900××××| | | | | *11+*66666**066611*+66666* |
| | 地址、电话: | 贵阳市解放路8号　08518582×××× | | | | | 1**+216**6000*261*2*4/*547 |
| | 开户行及账号: | 工行贵阳市朝阳支行 240200050700641×××× | | | | | 203994+-42*64151*6915361/3* |

| 货物或应税劳务、服务名称 | 规格型号 | 单位 | 数量 | 单价 | 金额 | 税率 | 税额 |
|---|---|---|---|---|---|---|---|
| Q型平面电视机 | 18英寸 | 台 | 300 | 3000.00 | 900000.00 | 17% | 153000.00 |
| 合　计 | | | | | ¥ 900000.00 | | ¥ 153000.00 |

| 价税合计(大写) | 壹佰壹拾伍万叁仟元整 | | (小写)　¥ 1153000.00 |
|---|---|---|---|

| 销售方 | 名　称: | 贵州电视机制造有限公司 | 备注 | 915201035313512H 发票专用章 |
|---|---|---|---|---|
| | 纳税人识别号: | 9152010353135×××× | | |
| | 地址、电话: | 贵阳市南明区沙冲路218号　0851-8551×××× | | |
| | 开户行及账号: | 建设银行贵阳省新支行 415135161353×××× | | |

收款人:　　　　复核:张×　　　　开票人:邓×　　　　销售方:

表 3-25

### 进账单(收账通知) 　　　3

2017 年7 月8 日

| 出票人 | 全　称 | 贵阳国强家电有限公司 | 收款人 | 全　称 | 贵州电视机制造有限公司 |
|---|---|---|---|---|---|
| | 账　号 | 240200050700641×××× | | 账　号 | 415135161353×××× |
| | 开户银行 | 工行贵阳市朝阳支行 | | 开户银行 | 建设银行贵阳省新支行 |

| 金额 | 人民币(大写) | 壹佰壹拾伍万叁仟元整 | 千 | 百 | 十 | 万 | 千 | 百 | 十 | 元 | 角 | 分 |
|---|---|---|---|---|---|---|---|---|---|---|---|---|
| | | | | | 1 | 1 | 5 | 3 | 0 | 0 | 0 | 0 | 0 |

| 票据种类 | | 票据张数 | |
|---|---|---|---|
| 票据号码 | | | |

复核　　　　记账

2017.07.08　业务办讫章(04)

收款人开户银行盖章

**编制和审核记账凭证**

附记账凭证 1 张（见表 3-26）

表 3-26

## 记账凭证

<table>
<tr><td colspan="3"></td><td colspan="2">年　月　日</td><td colspan="2"></td><td>字第　　号<br>附件　　张</td></tr>
<tr><td rowspan="2">摘　要</td><td rowspan="2">总账科目</td><td rowspan="2">明细科目</td><td colspan="9">借方金额</td><td>记账符号</td><td colspan="9">贷方金额</td><td>记账符号</td></tr>
<tr><td>亿</td><td>千</td><td>百</td><td>十</td><td>万</td><td>千</td><td>百</td><td>十</td><td>元角分</td><td></td><td>亿</td><td>千</td><td>百</td><td>十</td><td>万</td><td>千</td><td>百</td><td>十</td><td>元角分</td></tr>
<tr><td></td><td></td><td></td><td></td><td></td><td></td><td></td><td></td><td></td><td></td><td></td><td></td><td></td><td></td><td></td><td></td><td></td><td></td><td></td><td></td><td></td></tr>
<tr><td></td><td></td><td></td><td></td><td></td><td></td><td></td><td></td><td></td><td></td><td></td><td></td><td></td><td></td><td></td><td></td><td></td><td></td><td></td><td></td><td></td></tr>
<tr><td></td><td></td><td></td><td></td><td></td><td></td><td></td><td></td><td></td><td></td><td></td><td></td><td></td><td></td><td></td><td></td><td></td><td></td><td></td><td></td><td></td></tr>
<tr><td></td><td></td><td></td><td></td><td></td><td></td><td></td><td></td><td></td><td></td><td></td><td></td><td></td><td></td><td></td><td></td><td></td><td></td><td></td><td></td><td></td></tr>
<tr><td></td><td></td><td></td><td></td><td></td><td></td><td></td><td></td><td></td><td></td><td></td><td></td><td></td><td></td><td></td><td></td><td></td><td></td><td></td><td></td><td></td></tr>
<tr><td>结算方式及票号：</td><td colspan="2">合　计</td><td></td><td></td><td></td><td></td><td></td><td></td><td></td><td></td><td></td><td></td><td></td><td></td><td></td><td></td><td></td><td></td><td></td><td></td><td></td></tr>
</table>

会计主管　　　　　记账　　　　　复核　　　　　　制证

【**业务5**】10日，向贵州宏华家电有限公司销售18英寸Q型平面电视机80台，单价3000元，金额240000元，增值税40800元，款项未收。

**原始凭证**（见表3-27）

表 3-27

**编制和审核记账凭证**

附记账凭证1张（见表3-28）

表 3-28

## 记账凭证

|  |  |  |  | 年　　月　　日 |  |  | 字第　　　　　号 |  |
|---|---|---|---|---|---|---|---|---|

| 摘要 | 总账科目 | 明细科目 | 借方金额<br>亿千百十万千百十元角分 | 记账符号 | 贷方金额<br>亿千百十万千百十元角分 | 记账符号 |
|---|---|---|---|---|---|---|
|  |  |  |  |  |  |  |
|  |  |  |  |  |  |  |
|  |  |  |  |  |  |  |
|  |  |  |  |  |  |  |
|  |  |  |  |  |  |  |
| 结算方式及票号： |  | 合　计 |  |  |  |  |

会计主管　　　　　　记账　　　　　　复核　　　　　　　　制证

【业务6】12 日，将 18 英寸 Q 型平面电视机 100 台，单价 3000，金额 300000，增值税 51000，成本价 2000 元/台，成本金额 200000 元；用于新航装修公司进行长期投资（双方互不控制），未发生其他费用。

原始凭证（见表 3-29、表 3-30）

表 3-29

表 3-30 　　　　　　　　　　 **产品出库单** 　　　　　　　　编号：010099

购货单位：新航装修公司 　　　　　　　　　　　　　　日期：2017 年 7 月 12 日

| 产品名称 | 规格 | 单位 | 出库数量 | 单位成本 | 总成本 | 备注 |
|---|---|---|---|---|---|---|
| 平面电视机 | 18 英寸 | 台 | 100 | 2000.00 | 200000.00 | 长期投资 |
| 合计 | | | 100 | | 200000.00 | |

主管：王✕ 　　　　　　　　　会计：张✕ 　　　　　　　　经手人：赵✕✕

### 编制和审核记账凭证

附记账凭证 1 张（见表 3-31、表 3-32）

表 3-31

## 记账凭证

| 字第 号 |
| 附件 张 |

年　　月　　日

| 摘要 | 总账科目 | 明细科目 | 借方金额<br>亿千百十万千百十元角分 | 记账符号 | 贷方金额<br>亿千百十万千百十元角分 | 记账符号 |
|---|---|---|---|---|---|---|
| | | | | | | |
| | | | | | | |
| | | | | | | |
| | | | | | | |
| 结算方式及票号： | | 合　计 | | | | |

会计主管　　　　　　记账　　　　　　复核　　　　　　制证

表 3-32

## 记账凭证

| 字第 号 |
| 附件 张 |

年　　月　　日

| 摘要 | 总账科目 | 明细科目 | 借方金额<br>亿千百十万千百十元角分 | 记账符号 | 贷方金额<br>亿千百十万千百十元角分 | 记账符号 |
|---|---|---|---|---|---|---|
| | | | | | | |
| | | | | | | |
| | | | | | | |
| | | | | | | |
| 结算方式及票号： | | 合　计 | | | | |

会计主管　　　　　　记账　　　　　　复核　　　　　　制证

【知识链接】

增值税征税范围之特殊行为

（1）视同销售货物或视同提供应税服务行为。

①将货物交付其他单位或者个人代销——委托代销——代销中的委托方。

②销售代销货物——受托代销。

委托方计税时应注意的两个问题——计税销售额和纳税义务发生时间。

A. 销售额限制。

委托方计算销项税额时，计税销售额为不含税的销售额，并且不得扣除支付给受托方的代销手续费，不得从销售额中"坐支"代销手续费。

B. 时间限制。

第一，收到代销清单时，纳税义务发生时间为收到代销清单的当天；

第二，未收到代销清单，但开具发票的，纳税义务发生时间为开票的当天；

第三，未收到代销清单，但收到了全部货款或部分货款的，纳税义务发生时间为收到货款的当天；

第四，未开具发票，也未收到代销清单和货款的，纳税义务发生时间为发出代销货物满 180 天的当天。

受托方进项税额确认时间：

是从委托方取得增值税专用发票后，在增值税专用发票认证抵扣规定的时间内抵扣进项税额，因此，进项税额抵扣时间与销项税额确认的时间不一致。

③异地移送行为：设有两个以上机构并实行统一核算的纳税人，将货物从一个机构移送至其他机构用于销售，但相关机构在同一县（市）的除外。

"用于销售"是指受货机构发生以下情形之一的经营行为：

A. 向购货方开具发票。

B. 向购货方收取货款。

受货机构的货物移送行为有上述两种情形之一的，应当向所在地税务机关缴纳增值税；未发生上述两项情形的，则应由总机构统一缴纳增值税。

如果受货机构只就部分货物向购买方开具发票或收取货款，则应当区别不同情况计算并分别向总机构所在地或分支机构所在地缴纳税款。

【提示】

a. 总机构在货物移送时视同销售，计算销项税额；

b. 分支机构销售货物时，属于增值税征税范围，计算销项税额；取得总机构开具的增值税专用发票时，属于视同购进业务，按有关规定抵扣进项税额。

④将自产或委托加工的货物用于：

A. 非增值税应税项目。

B. 集体福利或个人消费。

⑤将自产、委托加工或购进的货物用于：

A. 作为投资，提供给其他单位或者个体工商户。

B. 分配给股东或投资者。

C. 无偿赠送其他单位或者个人。

⑥单位和个体工商户向其他单位或者个人无偿销售应税服务、无偿转让无形资产或者不动产，但用于公益事业或者以社会公众为对象的除外。

⑦财政部和国家税务总局规定的其他情形。

【提示】对自产货物或委托加工货物的处理是相同的，但对购买的货物用途不同，对其处理也不同。

购买的货物：用于投资、分配、赠送，即向外部移送——视同销售计算增值税。

购买的货物：用于集体福利或个人消费，应同时考虑销项税额和进项税额两方面的问题：

第一，该业务不属于增值税视同销售，不需要计算销项税额。

第二，购进该货物的进项税额不得抵扣，因此，应根据货物购进的时间进行不同的处理。若该货物是本期购进，其进项税额不得在本期销项税额中抵扣；若是以前购进并已抵扣了进项税额，则需要作进项税额转出处理。

自产、委托加工货物：用于集体福利或个人消费、投资、分配、赠送均视同销售计算增值税。

（2）对视同销售货物行为的销售额的确定。

视同销售货物行为，按照下列顺序确定：

①按纳税人最近时期同类货物的平均销售价格确定。

②按其他纳税人最近时期同类货物的平均价格确定。

③按组成计税价格确定。

组成计税价格＝成本×（1+成本利润率）

或者＝成本×（1+成本利润率）+消费税

＝成本×（1+成本利润率）÷（1-消费税税率）

【解释1】"成本"分为两种情况：①销售自产货物的为实际生产成本；②销售外购货物的为实际采购成本；"成本利润率"根据规定统一为10%。

【解释2】组成计税价格的适用，必须在纳税人没有平均价格可以参考的前提下才能适用。（顺序、组价）

【业务7】14日，向贵州省脑白信电脑有限公司销售100台14英寸显示屏，单价600元，金额60000元，增值税额10200元，款项上月已预收。

原始凭证（见表3-33）

表 3-33

5201005201

贵州增值税专用发票　NO 00113422

开票日期：2017年7月14日

| 购买方 | 名称： | 贵州省脑白信电脑有限公司 | | | 密码区 | 67/*+3*0/611**+0/0*/*+3+2/9 |
| | 纳税人识别号： | 52020399800××××　　 | | | | *11*+66666*066611*+66666* |
| | 地址、电话： | 贵阳市中华北路18号　08518683×××× | | | | 1**+216*6000*261*2*4/*547 |
| | 开户行及账号： | 工行贵阳市南明支行 240200010800981×××× | | | | 203994+-42*64151*6915361/3* |

| 货物或应税劳务、服务名称 | 规格型号 | 单位 | 数量 | 单价 | 金额 | 税率 | 税额 |
|---|---|---|---|---|---|---|---|
| 显示屏 | 14英寸 | 台 | 100 | 600.00 | 60000.00 | 17% | 10200.00 |
| 合　计 | | | | | ￥ 60000.00 | | ￥ 10200.00 |

价税合计（大写）　柒万零贰佰元整　　　　　　（小写）￥ 70200.00

| 销售方 | 名称： | 贵州电视机制造有限公司 | 备注 |
| | 纳税人识别号： | 9152010353135×××× | |
| | 地址、电话： | 贵阳市南明区沙冲路218号　0851-8551×××× | |
| | 开户行及账号： | 建设银行贵阳省新支行 415135161353×××× | |

收款人：　　　复核：张×　　　开票人：邓×　　　销售方：

**编制和审核记账凭证**

附记账凭证 1 张（见表 3-34）

表 3-34

# 记账凭证

字第　　号

附件　　张

年　月　日

| 摘要 | 总账科目 | 明细科目 | 借方金额 | | | | | | | | | | 记账符号 | 贷方金额 | | | | | | | | | | 记账符号 |
|---|---|---|---|---|---|---|---|---|---|---|---|---|---|---|---|---|---|---|---|---|---|---|---|---|
| | | | 亿 | 千 | 百 | 十 | 万 | 千 | 百 | 十 | 元 | 角 | 分 | | 亿 | 千 | 百 | 十 | 万 | 千 | 百 | 十 | 元 | 角 | 分 | |
| | | | | | | | | | | | | | | | | | | | | | | | | | |
| | | | | | | | | | | | | | | | | | | | | | | | | | |
| | | | | | | | | | | | | | | | | | | | | | | | | | |
| | | | | | | | | | | | | | | | | | | | | | | | | | |
| 结算方式及票号 | | 合　计 | | | | | | | | | | | | | | | | | | | | | | | | |

会计主管　　　　记账　　　　复核　　　　制证

【业务8】18 日，向贵阳国强家电有限公司销售的 18 英寸 Q 型平面电视机保修期间出现质量问题，经厂领导批准予以退货，退款用银行存款支付。

**原始凭证**（见表 3-35、表 3-36、表 3-37）

表 3-35

| 货物或应税劳务、服务名称 | 规格型号 | 单位 | 数量 | 单价 | 金额 | 税率 | 税额 |
|---|---|---|---|---|---|---|---|
| Q型平面电视机 | 18英寸 | 台 | -3 | 3000.00 | -9000.00 | 17% | -1530.00 |
| 合　计 | | | | | ¥ -9000.00 | | ¥ -1530.00 |

**贵州增值税专用发票**　NO 00113423

5201005201

开票日期：2017年7月18日

购买方
名　称：贵阳国强家电有限公司
纳税人识别号：52029999900XXXX
地址、电话：贵阳市解放路8号　08518582XXXX
开户行及账号：工行贵阳市朝阳支行 240200050700641XXXX

密码区
67/*+3*0/611*++0/+0*/*+3+2/9
*11*+66666**066611*+66666*
1**+216***6000*261*2*4/*547
203994+-42*64151*6915361/3*

价税合计(大写)　(负数) 壹万零伍佰叁拾元整　　(小写) ¥ -10530.00

销售方
名　称：贵州电视机制造有限公司
纳税人识别号：9152010353135XXXX
地址、电话：贵阳市南明区沙冲路218号　0851-8551XXXX
开户行及账号：建设银行贵阳省新支行 415135161353XXXX

收款人：　复核：张X　开票人：邓X　销售方

表 3-36

中国建设银行
转账支票存根
IX 68069505

科　　　目：

对方科目：

签发日期：　2017年7月18日

收款人：贵阳国强家电有限公司
金　额：￥10530.00
用　途：退货款

单位主管　　　　　会计

表 3-37

## 入库单　　No000982

送货厂商：贵阳国强家电有限公司（退货）

物料类别：☐ 原材料　☑ 成品　☐ 其他　　　　2017 年07 月18 日

| 品名/牌号 | 订单号 | 规格 | 数量 | 单位 | 单价 | 金额 |
|---|---|---|---|---|---|---|
| Q型平面电视机 | | 18英寸 | 3 | 台 | 2000 | 6000 |
| | | | | | | |
| | | | | | | |
| | | | | | | |
| | | | | | | |

主管:肖XX　　　　品管:陈XX　　　　　仓库:罗X　　　　　送货人:

**编制和审核记账凭证**

附记账凭证 1 张（见表 3-38、表 3-39）

表 3-38

## 记 账 凭 证

字第　　　　号
附件　　　　张

| 摘　要 | 总账科目 | 明细科目 | 借方金额 亿千百十万千百十元角分 | 记账符号 | 贷方金额 亿千百十万千百十元角分 | 记账符号 |
|---|---|---|---|---|---|---|
| | | | | | | |
| | | | | | | |
| | | | | | | |
| | | | | | | |
| | | | | | | |
| 结算方式及票号： | | 合　计 | | | | |

会计主管　　　　记账　　　　　复核　　　　　制证

表 3-39

## 记 账 凭 证

字第　　　　号
附件　　　　张

| 摘　要 | 总账科目 | 明细科目 | 借方金额 亿千百十万千百十元角分 | 记账符号 | 贷方金额 亿千百十万千百十元角分 | 记账符号 |
|---|---|---|---|---|---|---|
| | | | | | | |
| | | | | | | |
| | | | | | | |
| | | | | | | |
| | | | | | | |
| 结算方式及票号： | | 合　计 | | | | |

会计主管　　　　记账　　　　　复核　　　　　制证

**【业务9】** 20日，销售一台样品机，未开发票，收到现金2000元。

原始凭证（见表3-40）

表3-40

### 收款收据　　　No

2017　年7　月20　日

| 今收到 金玲玲样机销售款 | | | | | | | | | 存根（白） |
|---|---|---|---|---|---|---|---|---|---|

系付：一台样机

| 金额（大写） | 零 | 佰零 | 拾零 | 万贰 | 仟零 | 佰零 | 拾零 | 元角分 |
|---|---|---|---|---|---|---|---|---|

¥：2000.00 元　　　　　（单位盖章）

核准　　　　会计　　　　记账　　　　出纳 张×　　　经手人

**编制和审核记账凭证**

附记账凭证1张（见表3-41）

表3-41

### 记 账 凭 证

字第　　号
附件　　张

年　　月　　日

| 摘要 | 总账科目 | 明细科目 | 借方金额 | | | | | | | | | | 记账符号 | 贷方金额 | | | | | | | | | | 记账符号 |
|---|---|---|---|---|---|---|---|---|---|---|---|---|---|---|---|---|---|---|---|---|---|---|---|---|
| | | | 亿 | 千 | 百 | 十 | 万 | 千 | 百 | 十 | 元 | 角 | 分 | | 亿 | 千 | 百 | 十 | 万 | 千 | 百 | 十 | 元 | 角 | 分 | |
| | | | | | | | | | | | | | | | | | | | | | | | | | | |
| | | | | | | | | | | | | | | | | | | | | | | | | | | |
| | | | | | | | | | | | | | | | | | | | | | | | | | | |
| | | | | | | | | | | | | | | | | | | | | | | | | | | |
| 结算方式及票号： | | 合计 | | | | | | | | | | | | | | | | | | | | | | | | |

会计主管　　　　记账　　　　复核　　　　制证

**【业务10】** 22日，将自产30英寸Q型LED显示屏3台，用于职工俱乐部，计税价格为10000元/台。成本价8000元/台，金额24000元。

原始凭证（见表3-42）

表 3-42             **产品出库单**             编号：010099

购货单位：职工俱乐部                                  日期：2017 年 7 月 22 日

| 产品名称 | 规格 | 单位 | 出库数量 | 单位成本 | 总成本 | 备注 |
|---|---|---|---|---|---|---|
| Q 型 LED 显示屏 | 30 英寸 | 台 | 3 | 8000.00 | 24000.00 | |
| | | | | | | |
| | | | | | | |
| | | | | | | |
| | | | | | | |
| | | | | | | |
| 合计 | | | 3 | 8000.00 | 24000.00 | |

主管：王×                会计：张×                经手人：赵××

**编制和审核记账凭证**

附记账凭证 1 张（见表 3-43）

表 3-43

# 记账凭证

| | | | 年　　月　　日 | | | | | | | | | | 字 第 号 |
|---|---|---|---|---|---|---|---|---|---|---|---|---|---|

附件　　　张

| 摘　要 | 总账科目 | 明细科目 | 借方金额<br>亿千百十万千百十元角分 | 记账<br>符号 | 贷方金额<br>亿千百十万千百十元角分 | 记账符号 |
|---|---|---|---|---|---|---|
| | | | | | | |
| | | | | | | |
| | | | | | | |
| | | | | | | |
| | | | | | | |
| | | | | | | |
| | | | | | | |
| | | | | | | |
| 结算方式及票号： | | 合　计 | | | | |

会计主管            记账            复核            制证

【**业务 11**】23 日，用银行存款支付贵阳天空广告有限公司广告费 10000 元，增值税 600 元。

**原始凭证**（见表 3-44、表 3-45）

表 3-44

| 货物或应税劳务、服务名称 | 规格型号 | 单位 | 数量 | 单价 | 金额 | 税率 | 税额 |
|---|---|---|---|---|---|---|---|
| 广告费 | | | 1 | 10000.00 | 10000.00 | 6% | 600.00 |
| 合 计 | | | | | ¥ 10000.00 | | ¥ 600.00 |

开票日期:2017年7月23日

购买方
名 称:贵州电视机制造有限公司
纳税人识别号:9152010353135××××
地址、电话:贵阳市南明区沙冲路218号 0851-8551××××
开户行及账号:建设银行贵阳省新支行 415135161353××××

密码区
67/*+3*0/611*++0/+0*/*+3+2/9
*11*+66666**066611*+66666*
1**+216***6000*261*2*4*547
203994+-42*64151*6915361/3*

价税合计(大写) 壹万零陆佰元整 (小写)¥ 10600.00

销售方
名 称:贵阳天空广告有限公司
纳税人识别号:52010236667××××
地址、电话:贵阳市高新路10号 0851-8481××××
开户行及账号:建设银行贵阳高新支行 6355112790894××××

收款人:陶×× 复核:罗×× 开票人:王×× 销售方:(章)

表 3-45

中国建设银行
转账支票存根
IX 68069504

科　　目:
对方科目:
签发日期:2017 年 7 月 23 日

收款人：贵阳天空广告有限公司
金　额：¥10600.00
用　途：广告费

单位主管　　　　　会计

**编制和审核记账凭证**

附记账凭证 1 张（见表 3-46）

表 3-46

## 记账凭证

| 摘要 | 总账科目 | 明细科目 | 借方金额 亿千百十万千百十元角分 | 记账符号 | 贷方金额 亿千百十万千百十元角分 | 记账符号 |
|------|----------|----------|--------------------------------|----------|--------------------------------|----------|
| | | | | | | |
| | | | | | | |
| | | | | | | |
| | | | | | | |
| | | | | | | |
| 结算方式及票号： | | 合 计 | | | | |

会计主管　　　　　记账　　　　　复核　　　　　制证

【业务 12】24 日，为贵阳国强家电有限公司设计 LED 显示屏安装方案，取得不含税劳务收入 20000 元，增值税 1200 元，款项收存银行。

原始凭证（见表 3-47、表 3-48）

表 3-47

贵州增值税专用发票 NO 00113424

5201005201

开票日期：2017年7月24日

| 购买方 | 名　称：贵阳国强家电有限公司<br>纳税人识别号：52029999900××××<br>地址、电话：贵阳市解放路8号 08518582××××<br>开户行及账号：工行贵阳市朝阳支行 240200050700641×××× | 密码区 | 67/*+3*0/611**+0/+0*/*+3+2/9<br>*11*+66666**066611*+66666*<br>1**+216***6000*261*2*4/*547<br>203994+-42*64151*6915361/3* |
|--------|------|--------|------|

| 货物或应税劳务、服务名称 | 规格型号 | 单位 | 数量 | 单价 | 金额 | 税率 | 税额 |
|--------------------------|----------|------|------|------|------|------|------|
| 设计费 | | | 1 | 20000 | 20000.00 | 6% | 1200.00 |
| 合　计 | | | | | ￥ 20000.00 | | ￥ 1200.00 |

| 价税合计（大写） | 贰万壹仟贰佰元整 | | （小写）￥ 21200.00 |
|------------------|------------------|--|---------------------|

| 销售方 | 名　称：贵州电视机制造有限公司<br>纳税人识别号：9152010353135××××<br>地址、电话：贵阳市南明区沙冲路218号 0851-8551××××<br>开户行及账号：建设银行贵阳省新支行 415135161353×××× | 备注 | 9152010353135112H<br>发票专用章 |
|--------|------|------|------|

收款人：　　　　　复核：张×　　　　　开票人：邓×　　　　　销售方：

表 3-48

## 进账单(收账通知)

2017 年7 月 24 日　　　　　　　　　　　　　3

| 出票人 | 全 称 | 贵阳国强家电有限公司 | 收款人 | 全 称 | 贵州电视机制造有限公司 |
|---|---|---|---|---|---|
| | 账 号 | 24020005070064 1×××× | | 账 号 | 415135161353×××× |
| | 开户银行 | 工行贵阳市朝阳支行 | | 开户银行 | 建设银行贵阳省新支行 |

| 金额 | 人民币(大写) | 贰万壹仟贰佰元整 | | | 千 | 百 | 十 | 万 | 千 | 百 | 十 | 元 | 角 | 分 |
|---|---|---|---|---|---|---|---|---|---|---|---|---|---|---|
| | | | | | | | 2 | 1 | 2 | 0 | 0 | 0 | 0 | |

| 票据种类 | | 票据张数 | |
|---|---|---|---|
| 票据号码 | | | |

此联是收款人的开户银行通知交给收款人

复核　　　　　记账

收款人开户银行盖章

**编制和审核记账凭证**

附记账凭证 1 张(见表 3-49)

表 3-49

## 记 账 凭 证

字第　　　　　号
附件　　　　　张

| 摘 要 | 总账科目 | 明细科目 | 借方金额 | | | | | | | | | | 记账符号 | 贷方金额 | | | | | | | | | | 记账符号 |
|---|---|---|---|---|---|---|---|---|---|---|---|---|---|---|---|---|---|---|---|---|---|---|---|---|
| | | | 亿 | 千 | 百 | 十 | 万 | 千 | 百 | 十 | 元 | 角 | 分 | | 亿 | 千 | 百 | 十 | 万 | 千 | 百 | 十 | 元 | 角 | 分 |
| | | | | | | | | | | | | | | | | | | | | | | | | | |
| | | | | | | | | | | | | | | | | | | | | | | | | | |
| | | | | | | | | | | | | | | | | | | | | | | | | | |
| | | | | | | | | | | | | | | | | | | | | | | | | | |
| | | | | | | | | | | | | | | | | | | | | | | | | | |
| | | | | | | | | | | | | | | | | | | | | | | | | | |
| 结算方式及票号: | | 合 计 | | | | | | | | | | | | | | | | | | | | | | | |

会计主管　　　　　记账　　　　　复核　　　　　制证

【业务 13】26 日,为金阳会展城服务有限公司,安装 LED 显示屏,取得不含税收入 60000 元,增值税 6600 元,款项已收存银行。

原始凭证(见表 3-50、表 3-51)

表 3-50

贵州省增值税普通发票

发票代码：5200062650
发票号码：00827283
开票日期：2017年7月26日
校 验 码：

机器编码：

| 购买方 | 名 称：金阳会展城服务有限公司 |
| | 纳税人识别号：952001023478×××× |
| | 地址、电话：贵阳市观山湖区中天会展城101大厦1号 0851842×××× |
| | 开户行及账号：工行贵阳市高新支行 240200080789×××× |

密码区
67/*+3*0/611*++0/+0*/*+3+2/9
*11*+66666**066611*+66666*
1**+216***6000*261*2*4/*547
203994+-42*64151*6915361/3*

| 货物或应税劳务、服务名称 | 规格型号 | 单位 | 数量 | 单价 | 金额 | 税率 | 税额 |
|---|---|---|---|---|---|---|---|
| 安装LED屏 | | | 1 | 60000 | 60000.00 | 11% | 6600.00 |
| 合 计 | | | | | ￥60000.00 | | ￥6600.00 |

价税合计（大写） 陆万陆仟陆佰元整 （小写） ￥66600.00

| 销售方 | 名 称：贵州电视机制造有限公司 |
| | 纳税人识别号：9152010353135×××× |
| | 地址、电话：贵阳市南明区沙冲路218号 0851-8551×××× |
| | 开户行及账号：建设银行贵阳省新支行 415135161353×××× |

备注

收款人： 复核： 开票人： 销售方：

表 3-51

## 进账单（收账通知）

2017 年7 月 26 日 3

| 出票人 | 全 称 金阳会展城服务有限公司 | | 收款人 | 全 称 贵州电视机制造有限公司 |
|---|---|---|---|---|
| | 账 号 240200080789×××× | | | 账 号 415135161353×××× |
| | 开户银行 工行贵阳市高新支行 | | | 开户银行 建设银行贵阳省新支行 |

| 金额 | 人民币（大写） 陆万陆仟陆佰元整 | 千百十万千百十元角分 ￥66 00 00 |

| 票据种类 | | 票据张数 | |
| 票据号码 | | | |

复核 记账

2017.07.26
业务办讫章（04）

编制和审核记账凭证

附记账凭证 1 张（表 3-52）

表 3-52

## 记账凭证

字第　　　号
附件　　　张

| 摘要 | 总账科目 | 明细科目 | 借方金额 | | | | | | | | | | 记账符号 | 贷方金额 | | | | | | | | | | 记账符号 |
|---|---|---|---|---|---|---|---|---|---|---|---|---|---|---|---|---|---|---|---|---|---|---|---|---|
| | | | 亿 | 千 | 百 | 十 | 万 | 千 | 百 | 十 | 元 | 角 | 分 | | 亿 | 千 | 百 | 十 | 万 | 千 | 百 | 十 | 元 | 角 | 分 | |
| | | | | | | | | | | | | | | | | | | | | | | | | | |
| | | | | | | | | | | | | | | | | | | | | | | | | | |
| | | | | | | | | | | | | | | | | | | | | | | | | | |
| | | | | | | | | | | | | | | | | | | | | | | | | | |
| | | | | | | | | | | | | | | | | | | | | | | | | | |
| 结算方式及票号： | | 合　计 | | | | | | | | | | | | | | | | | | | | | | | |

会计主管　　　　　记账　　　　　复核　　　　　制证

**【业务 14】** 28 日，向灾区捐赠 10 台 18 英寸 Q 型平面电视机 20 台，成本价 2000。

**原始凭证**（见表 3-53）

表 3-53　　　　　　　　　　**产品出库单**　　　　　　　　　　编号：010100

购货单位：捐赠　　　　　　　　　　　　　　　　　　　日期：2017 年 7 月 28 日

| 产品名称 | 规格 | 单位 | 出库数量 | 单位成本 | 总成本 | 备注 |
|---|---|---|---|---|---|---|
| 平面电视机 | 18 英寸 | 台 | 20 | 2000.00 | 40000.00 | |
| 合计 | | | 20 | | 40000.00 | |

主管：王×　　　　　　　　　会计：张×　　　　　　　　　经手人：赵××

**编制和审核记账凭证**

附记账凭证 1 张（见表 3-54）

表 3-54

## 记账凭证

字第　　　号
附件　　　张

| 摘要 | 总账科目 | 明细科目 | 借方金额 | | | | | | | | | | 记账符号 | 贷方金额 | | | | | | | | | | 记账符号 |
|---|---|---|---|---|---|---|---|---|---|---|---|---|---|---|---|---|---|---|---|---|---|---|---|---|
| | | | 亿 | 千 | 百 | 十 | 万 | 千 | 百 | 十 | 元 | 角 | 分 | | 亿 | 千 | 百 | 十 | 万 | 千 | 百 | 十 | 元 | 角 | 分 | |
| | | | | | | | | | | | | | | | | | | | | | | | | | |
| | | | | | | | | | | | | | | | | | | | | | | | | | |
| | | | | | | | | | | | | | | | | | | | | | | | | | |
| | | | | | | | | | | | | | | | | | | | | | | | | | |
| 结算方式及票号： | | 合　计 | | | | | | | | | | | | | | | | | | | | | | | |

会计主管　　　　　记账　　　　　复核　　　　　制证

**【业务 15】** 31 日，盘点仓库发现库存机油已变质，经查原因是被水泡过。经总经办同意作营业外支出。

**原始凭证**（见表 3-55）

表 3-55　　　　　　　　　　　　　**资产清查报告单**

单位：贵州电视机制造有限公司　　　2017 年 7 月 31 日

| 清查对象 | PRESS 机油 | 存放地点 | 一仓库 |
|---|---|---|---|
| 清查人员 | 财务部张××、行政部刘× | | |
| 清查原因 | | | |
| 7 月 31 日，进行库存盘点，发现存放在一仓库的 PRESS 机油包装有水浸泡现象。 | | | |
| 清查结果 | | | |
| 7 月 31 日，仓库管理员金美发现一仓库的 PRESS 机油包装出现霉变，经财务部会计张×　×、行政部刘×联合清查，发现一仓库靠内墙体出现裂缝，库管员未能及时发现，导致较长一段时间内货物受到雨水侵蚀，出现变质。<br><br>　　经清查统计，该批机油的金额为 4000 元。 | | | |
| 处理意见 | | | |
| 变质机油已无法使用，做报废处理。 | | | |
| 清查人签字 | 张××、刘× | | |
| 财务经理 | 刘×× | 总经理 | 王×× |

**编制和审核记账凭证**

附记账凭证 1 张（见表 3-56）

表 3-56

# 记账凭证

字第　　　号
附件　　　张

| 摘要 | 总账科目 | 明细科目 | 借方金额<br>亿千百十万千百十元角分 | 记账符号 | 贷方金额<br>亿千百十万千百十元角分 | 记账符号 |
|---|---|---|---|---|---|---|
|  |  |  |  |  |  |  |
|  |  |  |  |  |  |  |
|  |  |  |  |  |  |  |
|  |  |  |  |  |  |  |
|  |  |  |  |  |  |  |
| 结算方式及票号： | | 合计 |  |  |  |  |

会计主管　　　　记账　　　　复核　　　　　制证

**【知识链接】**

"营改增"后,进项税额不得从销项税额中抵扣的项目:

(1)用于简易计税方法计税项目、免征增值税项目、集体福利或者个人消费的购进货物、加工修理修配劳务、服务、无形资产和不动产。其中涉及的固定资产、无形资产、不动产,仅指专用于上述项目的固定资产、无形资产(不包括其他权益性无形资产)、不动产。

纳税人的交际应酬消费属于个人消费。

(2)非正常损失的购进货物,以及相关的加工修理修配劳务和交通运输服务。

(3)非正常损失的在产品、产成品所耗用的购进货物(不包括固定资产)、加工修理修配劳务和交通运输服务。

(4)非正常损失的不动产,以及该不动产所耗用的购进货物、设计服务和建筑服务。

(5)非正常损失的不动产在建工程所耗用的购进货物、设计服务和建筑服务。纳税人新建、改建、扩建、修缮、装饰不动产,均属于不动产在建工程。

(6)购进的旅客运输服务、贷款服务、餐饮服务、居民日常服务和娱乐服务。

(7)财政部和国家税务总局规定的其他情形。

**【解释】**

非正常损失,是指因管理不善造成货物被盗、丢失、霉烂变质,以及因违反法律法规造成货物或者不动产被依法没收、销毁、拆除的情形。这些非正常损失是由纳税人自身原因造成导致征税对象实体的灭失,为保证税负公平,其损失不应由国家承担,因而纳税人无权要求抵扣进项税额。这里所指的在产品,是指仍处于生产过程中的产品,与产成品对应,包括正在各个生产工序加工的产品和已加工完毕但尚未检验或已检验但尚未办理入库手续的产品。产成品,是指已经完成全部生产过程并验收入库,可以按照合同规定的条件送交订货单位,或者可以作为商品对外销售的产品。

该业务属于购进货物发生非正常损失,进项税额不得抵扣,按原抵扣的进项税额计算转出。

根据【业务 1】至【业务 15】登记"应交税费—应交增值税"明细账(见表 3-57)。

# 实训二　一般纳税人增值税纳税申报

## 一、实训目标

根据实训一业务资料熟练填制一般纳税人增值税申报表及附表。

## 二、实训过程

根据实训一资料,核算一般纳税人应纳增值税额,填制一般纳税人申报表。

## 三、实训资料

根据实训一中的原始凭证和账簿资料,进行一般纳税人增值税纳税申报表主表及附表的填报(见表 3-58 至表 3-64)。

表 3-57

总第 ____ 页 分第 ____ 页
一级科目编号及名称 ____
二级科目编号及名称 ____

## 应交税费 应交增值税明细账

| 年 | | 凭证 | | 摘 | | 借方 | | | | 贷方 | | | | 借 或 贷 | 余额 |
|---|---|---|---|---|---|---|---|---|---|---|---|---|---|---|---|
| 月 | 日 | 编号 | 类 | 要 | | 合计 | 进项税额 | 已交税额 | 转出未交增值税 | 合计 | 销项税额 | 出口退税 | 进项税额转出 | | |
| | | | | | | 千百十万千百十元角分 | 千百十万千百十元角分 | 千百十万千百十元角分 | 千百十万千百十元角分 | 千百十万千百十元角分 | 千百十万千百十元角分 | 千百十万千百十元角分 | 千百十万千百十元角分 | | 千百十万千百十元角分 |
| | | | | | | | | | | | | | | | |
| | | | | | | | | | | | | | | | |
| | | | | | | | | | | | | | | | |
| | | | | | | | | | | | | | | | |
| | | | | | | | | | | | | | | | |
| | | | | | | | | | | | | | | | |
| | | | | | | | | | | | | | | | |
| | | | | | | | | | | | | | | | |
| | | | | | | | | | | | | | | | |
| | | | | | | | | | | | | | | | |

表 3-58

## 增值税纳税申报表

### （一般纳税人适用）

根据国家税收法律法规及增值税相关规定制定本表。纳税人不论有无销售额，均应按税务机关核定的纳税期限填写本表，并向当地税务机关申报。

税款所属时间：自　年　月　日　至　年　月　日　　填表日期：　年　月　日　　　　　　　　　　金额单位：元至角分

| 纳税人识别号 | | | | |
|---|---|---|---|---|
| 纳税人名称 | （公章） | 法定代表人姓名 | | 所属行业： |
| 开户银行及账号 | | 登记注册类型 | | 注册地址 | 生产经营地址 |
| | | | | | 电话号码 |

| | 项　目 | 栏次 | 一般项目 | | 即征即退项目 | |
|---|---|---|---|---|---|---|
| | | | 本月数 | 本年累计 | 本月数 | 本年累计 |
| 销售额 | （一）按适用税率计税销售额 | 1 | | | | |
| | 其中：应税货物销售额 | 2 | | | | |
| | 　　　应税劳务销售额 | 3 | | | | |
| | 　　　纳税检查调整的销售额 | 4 | | | | |
| | （二）按简易办法计税销售额 | 5 | | | | |
| | 其中：纳税检查调整的销售额 | 6 | | | | |
| | （三）免、抵、退办法出口销售额 | 7 | | | | |
| | （四）免税销售额 | 8 | — | — | — | — |
| | 其中：免税货物销售额 | 9 | — | — | — | — |
| | 　　　免税劳务销售额 | 10 | — | — | — | — |

| 项目 | | 栏次 | 一般项目 | | 即征即退项目 | |
|---|---|---|---|---|---|---|
| | | | 本月数 | 本年累计 | 本月数 | 本年累计 |
| | 销项税额 | 11 | | | | |
| | 进项税额 | 12 | | | | |
| | 上期留抵税额 | 13 | | | — | — |
| | 进项税额转出 | 14 | | | | — |
| | 免、抵、退应退税额 | 15 | | | — | — |
| | 按适用税率计算的纳税检查应补缴税额 | 16 | | | | — |
| 税款计算 | 应抵扣税额合计 | 17=12+13-14-15+16 | | — | | |
| | 实际抵扣税额 | 18(若17<11,则为17,否则为11) | | | | |
| | 应纳税额 | 19=11-18 | | | | |
| | 期末留抵税额 | 20=17-18 | | | | |
| | 简易计税办法计算的应纳税额 | 21 | | | | |
| | 按简易计税办法计算的纳税检查应补缴税额 | 22 | | | — | — |
| | 应纳税额减征额 | 23 | | | | |
| | 应纳税额合计 | 24=19+21-23 | | | | |

续表

| 项　目 | | 栏次 | 一般项目 | | 即征即退项目 | |
|---|---|---|---|---|---|---|
| | | | 本月数 | 本年累计 | 本月数 | 本年累计 |
| 税款缴纳 | 期初未缴税额（多缴为负数） | 25 | | | — | — |
| | 实收出口开具专用缴款书退税额 | 26 | | | | — |
| | 本期已缴税额 | 27=28+29+30+31 | | | | — |
| | ①分次预缴税额 | 28 | | — | | — |
| | ②出口开具专用缴款书预缴税额 | 29 | | — | | — |
| | ③本期缴纳上期应纳税额 | 30 | | | | — |
| | ④本期缴纳欠缴税额 | 31 | — | | | — |
| | 期末未缴税额（多缴为负数） | 32=24+25+26-27 | | — | | — |
| | 其中:欠缴税额（≥0） | 33=25+26-27 | | — | | — |
| | 本期应补（退）税额 | 34=24-28-29 | | — | | — |
| | 即征即退实际退税额 | 35 | — | — | | |
| | 期初未缴查补税额 | 36 | | | | — |
| | 本期入库查补税额 | 37 | | | | — |
| | 期末未缴查补税额 | 38=16+22+36-37 | | | — | — |

| 授权声明 | 如果你已委托代理人申报，请填写下列资料：<br>为代理一切税务事宜，现授权___（地址）___为本纳税人的代理申报人，任何与本申报表有关的往来文件，都可寄予此人。<br><br>授权人签字： | 申报人声明 | 本纳税申报表是根据国家税收法律法规及相关规定填报的，我确定它是真实的、可靠的、完整的。<br><br>声明人签字： |
|---|---|---|---|

主管税务机关：　　　　　　　　　　　　接收人：　　　　　　　　　　　　接收日期：

表3-59

纳税人名称：（公章）

## 增值税纳税申报表附列资料（一）
### （本期销售情况明细）

税款所属时间： 年 月 日至 年 月 日

金额单位：元至角分

| 项目及栏次 | | 开具增值税专用发票 | | 开具其他发票 | | 未开具发票 | | 纳税检查调整 | | 合计 | | 价税合计 | 服务、不动产和无形资产扣除项目本期实际扣除金额 | 扣除后 | |
|---|---|---|---|---|---|---|---|---|---|---|---|---|---|---|---|
| | | 销售额 | 销项（应纳）税额 | 销售额 | 销项（应纳）税额 | 销售额 | 销项（应纳）税额 | 销售额 | 销项（应纳）税额 | 销售额 | 销项应纳税额 | | | 含税（免税）销售额 | 销项（应纳）税额 |
| | | 1 | 2 | 3 | 4 | 5 | 6 | 7 | 8 | 9=1+3+5+7 | 10=2+4+6+8 | 11=9+10 | 12 | 13=11-12 | 14=13÷（100%+税率或征收率）×税率或征收率 |
| 一般计税方法计税 | 全部征税项目 | | | | | | | | | | | | | | |
| | 17%税率的货物及加工修理修配劳务 1 | — | — | — | — | — | — | — | — | — | — | — | — | — | — |
| | 17%税率的服务、不动产和无形资产 2 | | | | | | | | | | | | | | |
| | 13%税率 3 | | | | | | | | | | | | | | |
| | 11%税率 4 | | | | | | | | | | | | | | |
| | 6%税率 5 | — | — | — | — | — | — | — | — | — | — | — | — | — | — |
| | 其中：即征即退项目 即征即退货物及加工修理修配劳务 6 | — | — | — | — | — | — | — | — | — | — | — | — | — | — |
| | 即征即退服务、不动产和无形资产 7 | — | — | — | — | — | — | — | — | — | — | — | — | — | — |

续表

| 项目及栏次 | 栏次 | 开具增值税专用发票 销售额 (1) | 销项(应纳)税额 (2) | 开具其他发票 销售额 (3) | 销项(应纳)税额 (4) | 未开具发票 销售额 (5) | 销项(应纳)税额 (6) | 纳税检查调整 销售额 (7) | 销项(应纳)税额 (8) | 合计 销售额 (9=1+3+5+7) | 销项(应纳)税额 (10=2+4+6+8) | 价税合计 (11=9+10) | 服务、不动产和无形资产扣除项目本期实际扣除金额 (12) | 扣除后 含税(免税)销售额 (13=11-12) | 扣除后 销项(应纳)税额 (14=13÷(100%+税率或征收率)×税率或征收率) |
|---|---|---|---|---|---|---|---|---|---|---|---|---|---|---|---|
| 二、简易计税方法计税 全部征税项目 6%征收率 | 8 | | | | | | | | | | | | | | |
| 全部征税项目 5%征收率的货物及加工修理修配劳务 | 9a | | | | | | | | | | | | | | |
| 全部征税项目 5%征收率的服务、不动产和无形资产 | 9b | | | | | | | | | | | | | | |
| 全部征税项目 4%征收率 | 10 | | | | | | | | | | | | | | |
| 全部征税项目 3%征收率的货物及加工修理修配劳务 | 11 | | | | | | | | | | | | | | |
| 全部征税项目 3%征收率的服务、不动产和无形资产 | 12 | | | | | | | | | | | | | | |
| 全部征税项目 预征率% | 13a | | | | | | | | | | | | | | |
| 全部征税项目 预征率% | 13b | | | | | | | | | | | | | | |
| 全部征税项目 预征率% | 13c | | | | | | | | | | | | | | |
| 其中：即征即退货物及加工修理修配劳务 | 14 | — | — | — | — | — | — | — | — | | | | — | — | — |
| 其中：即征即退服务、不动产和无形资产 | 15 | — | — | — | — | — | — | — | — | | | | — | — | — |
| 三、免抵退税 货物及加工修理修配劳务 | 16 | — | — | — | — | — | — | — | — | | — | — | — | — | — |
| 三、免抵退税 服务、不动产和无形资产 | 17 | — | — | — | — | — | — | — | — | | — | — | — | — | — |
| 四、免税 货物及加工修理修配劳务 | 18 | — | — | — | — | — | — | — | — | | — | — | — | — | — |
| 四、免税 服务、不动产和无形资产 | 19 | — | — | — | — | — | — | — | — | | — | — | — | — | — |

表 3-60 　　　　　　**增值税纳税申报表附列资料(二)**

(本期进项税额明细)

税款所属时间:　　年 月 日至　　年 月 日

纳税人名称:(公章)　　　　　　　　　　　　　　　　　金额单位:元至角分

| 一、申报抵扣的进项税额 | | | | |
| --- | --- | --- | --- | --- |
| 项　　目 | 栏次 | 份数 | 金额 | 税额 |
| (一)认证相符的增值税专用发票 | 1 = 2+3 | | | |
| 　其中:本期认证相符且本期申报抵扣 | 2 | | | |
| 　　　前期认证相符且本期申报抵扣 | 3 | | | |
| (二)其他扣税凭证 | 4 = 5+6+7+8 | | | |
| 　其中:海关进口增值税专用缴款书 | 5 | | | |
| 　　　农产品收购发票或者销售发票 | 6 | | | |
| 　　　代扣代缴税收缴款凭证 | 7 | | —— | |
| 　　　其他 | 8 | | | |
| (三)本期用于购建不动产的扣税凭证 | 9 | | | |
| (四)本期不动产允许抵扣进项税额 | 10 | —— | —— | |
| (五)外贸企业进项税额抵扣证明 | 11 | | | |
| 当期申报抵扣进项税额合计 | 12 = 1+4-9+10+11 | | | |
| 二、进项税额转出额 | | | | |
| 项　　目 | 栏次 | | 税额 | |
| 本期进项税额转出额 | 13 = 14 至 23 之和 | | | |
| 其中:免税项目用 | 14 | | | |
| 　　集体福利、个人消费 | 15 | | | |
| 　　非正常损失 | 16 | | | |
| 　　简易计税方法征税项目用 | 17 | | | |
| 　　免抵退税办法不得抵扣的进项税额 | 18 | | | |
| 　　纳税检查调减进项税额 | 19 | | | |
| 　　红字专用发票信息表注明的进项税额 | 20 | | | |
| 　　上期留抵税额抵减欠税 | 21 | | | |
| 　　上期留抵税额退税 | 22 | | | |
| 　　其他应作进项税额转出的情形 | 23 | | | |

续表

| 三、待抵扣进项税额 | | | | |
|---|---|---|---|---|
| 项 目 | 栏次 | 份数 | 金额 | 税额 |
| （一）认证相符的增值税专用发票 | 24 | —— | —— | —— |
| 期初已认证相符但未申报抵扣 | 25 | | | |
| 本期认证相符且本期未申报抵扣 | 26 | | | |
| 期末已认证相符但未申报抵扣 | 27 | | | |
| 其中：按照税法规定不允许抵扣 | 28 | | | |
| （二）其他扣税凭证 | 29＝30+31+32+33 | | | |
| 其中：海关进口增值税专用缴款书 | 30 | | | |
| 农产品收购发票或者销售发票 | 31 | | | |
| 代扣代缴税收缴款凭证 | 32 | | —— | |
| 其他 | 33 | | | |
| | 34 | | | |
| 四、其他 | | | | |
| 项 目 | 栏次 | 份数 | 金额 | 税额 |
| 本期认证相符的增值税专用发票 | 35 | | | |
| 代扣代缴税额 | 36 | | —— | —— |

表 3-61 　　　　　　　　增值税纳税申报表附列资料（三）

（服务、不动产和无形资产扣除项目明细）

税款所属时间：　　　年　月　日至　　　年　月　日

纳税人名称：（公章）　　　　　　　　　　　　　　　　　　金额单位：元至角分

| 项目及栏次 | | 本期服务、不动产和无形资产价税合计额（免税销售额） | 服务、不动产和无形资产扣除项目 | | | | |
|---|---|---|---|---|---|---|---|
| | | | 期初余额 | 本期发生额 | 本期应扣除金额 | 本期实际扣除金额 | 期末余额 |
| | | 1 | 2 | 3 | 4＝2+3 | 5(5≤1且5≤4) | 6＝4-5 |
| 17%税率的项目 | 1 | | | | | | |
| 11%税率的项目 | 2 | | | | | | |
| 6%税率的项目(不含金融商品转让) | 3 | | | | | | |

54

续表

| 项目及栏次 | | 本期服务、不动产和无形资产价税合计额（免税销售额） | 服务、不动产和无形资产扣除项目 | | | | |
|---|---|---|---|---|---|---|---|
| | | | 期初余额 | 本期发生额 | 本期应扣除金额 | 本期实际扣除金额 | 期末余额 |
| | | 1 | 2 | 3 | 4＝2＋3 | 5(5≤1且5≤4) | 6＝4－5 |
| 6%税率的金融商品转让项目 | 4 | | | | | | |
| 5%征收率的项目 | 5 | | | | | | |
| 3%征收率的项目 | 6 | | | | | | |
| 免抵退税的项目 | 7 | | | | | | |
| 免税的项目 | 8 | | | | | | |

表 3-62　　　　　　　　**增值税纳税申报表附列资料（四）**

（税额抵减情况表）

税款所属时间：　年　月　日至　　年　月　日

纳税人名称：（公章）　　　　　　　　　　　　　　　　　　　　　　　金额单位:元至角分

| 序号 | 抵减项目 | 期初余额 | 本期发生额 | 本期应抵减税额 | 本期实际抵减税额 | 期末余额 |
|---|---|---|---|---|---|---|
| | | 1 | 2 | 3＝1＋2 | 4≤3 | 5＝3－4 |
| 1 | 增值税税控系统专用设备费及技术维护费 | | | | | |
| 2 | 分支机构预征缴纳税款 | | | | | |
| 3 | 建筑服务预征缴纳税款 | | | | | |
| 4 | 销售不动产预征缴纳税款 | | | | | |
| 5 | 出租不动产预征缴纳税款 | | | | | |

表 3-63　　　　　　　　**固定资产（不含不动产）进项税额抵扣情况表**

纳税人名称(公章)：　　　　　填表日期：　年　月　日　　　金额单位:元至角分

| 项目 | 当期申报抵扣的固定资产进项税额 | 申报抵扣的固定资产进项税额累计 |
|---|---|---|
| 增值税专用发票 | | |
| 海关进口增值税专用缴款书 | | |
| 合　　计 | | |

表 3-64　　　　　　　　**本期抵扣进项税额结构明细表**

税款所属时间：　　　年 月 日至　　年 月 日

纳税人名称:(公章)　　　　　　　　　　　　　　　　　　　　金额单位:元至角分

| 项　　目 | 栏　　次 | 金额 | 税额 |
|---|---|---|---|
| 合计 | 1＝2＋4＋5＋10＋13＋15＋17＋18＋19 | | |
| 17%税率的进项 | 2 | | |
| 　其中:有形动产租赁的进项 | 3 | | |
| 13%税率的进项 | 4 | | |
| 11%税率的进项 | 5 | | |
| 　其中:货物运输服务的进项 | 6 | | |
| 　　　建筑安装服务的进项 | 7 | | |
| 　　　不动产租赁服务的进项 | 8 | | |
| 　　　购入不动产的进项 | 9 | | |
| 6%税率的进项 | 10 | | |
| 　其中:直接收费金融服务的进项 | 11 | | |
| 　　　财产保险的进项 | 12 | | |
| 5%征收率的进项 | 13 | | |
| 　其中:购入不动产的进项 | 14 | | |
| 3%征收率的进项 | 15 | | |
| 　其中:建筑安装服务的进项 | 16 | | |
| 1.5%征收率的进项 | 17 | | |
| 农产品核定扣除进项 | 18 | | |
| 外贸企业进项税额抵扣证明注明的进项 | 19 | | |

# 实训三　小规模纳税人增值税纳税实训

## 一、实训目标

根据业务资料熟练填制小规模纳税人增值税申报表及附表。

## 二、实训过程

（1）根据下列实训资料，核算小规模纳税人应纳增值税额。

（2）填制小规模纳税人申报表。

## 三、实训资料

企业名称：贵州黔龙酒店娱乐有限公司

开户银行：贵州工商银行省新分理支行

账号：912500198005136××××

经营范围：酒店、餐饮、娱乐、旅游

公司 2017 年 7 月份收入汇总表如表 3-65 所示：

表 3-65　　　　　　　　　　公司收入汇总表　　　　　　　　单位：元

| 项目 | 住宿收入 | 餐饮收入 | 量贩 KTV 收入 | | 旅游业务收入 | | 净收入 |
|---|---|---|---|---|---|---|---|
| | | | KTV 包房点歌收入 | 烟酒水收入 | 旅游收入 | 住宿、门票、交通等支出 | |
| 现金 | 260000 | 320000 | 120000 | 40000 | 100000 | 70000 | 30000 |
| 网银转账 | 160000 | 180000 | 150000 | 20000 | 120000 | 80000 | 40000 |
| 合计 | 420000 | 500000 | 270000 | 60000 | 220000 | 150000 | 70000 |

进行小规模纳税人增值税纳税申报表主表及附表的填报（见表 3-66、表 3-67）。

表 3-66　　　　　　**增值税纳税申报表（小规模纳税人适用）**

纳税人识别号：☐☐☐☐☐☐☐☐☐☐☐☐☐☐☐☐☐☐

纳税人名称（公章）：　　　　　　　　　　　　　金额单位：　　元至角分

税款所属期：　　年　月　日至　　年　月　日　　　填表日期：　　年　月　日

| 项　目 | | 栏次 | 本期数 | | 本年累计 | |
|---|---|---|---|---|---|---|
| | | | 应税货物及劳务 | 应税服务 | 应税货物及劳务 | 应税服务 |
| 一、计税依据 | （一）应征增值税不含税销售额 | 1 | | | | |
| | 税务机关代开的增值税专用发票不含税销售额 | 2 | | | | |
| | 税控器具开具的普通发票不含税销售额 | 3 | | | | |
| | （二）销售使用过的应税固定资产不含税销售额 | 4（4≥5） | | — | | — |
| | 其中：税控器具开具的普通发票不含税销售额 | 5 | | — | | — |
| | （三）免税销售额 | 6=7+8+9 | | | | |

续表

| 项 目 | 栏次 | 本期数 | | 本年累计 | |
|---|---|---|---|---|---|
| | | 应税货物及劳务 | 应税服务 | 应税货物及劳务 | 应税服务 |
| 一、计税依据 其中：小微企业免税销售额 | 7 | | | | |
| 未达起征点销售额 | 8 | | | | |
| 其他免税销售额 | 9 | | | | |
| （四）出口免税销售额 | 10（10≥11） | | | | |
| 其中:税控器具开具的普通发票销售额 | 11 | | | | |
| 二、税款计算 本期应纳税额 | 12 | | | | |
| 本期应纳税额减征额 | 13 | | | | |
| 本期免税额 | 14 | | | | |
| 其中:小微企业免税额 | 15 | | | | |
| 未达起征点免税额 | 16 | | | | |
| 应纳税额合计 | 17 =12-13 | | | | |
| 本期预缴税额 | 18 | | | — | — |
| 本期应补(退)税额 | 19 =17-18 | | | — | — |

| 纳税人或代理人声明： 本纳税申报表是根据国家税收法律法规及相关规定填报的,我确定它是真实的、可靠的、完整的。 | 如纳税人填报,由纳税人填写以下各栏： |
|---|---|
| | 办税人员： 财务负责人： |
| | 法定代表人： 联系电话： |
| | 如委托代理人填报,由代理人填写以下各栏： |
| | 代理人名称(签章)： 经办人： |
| | 联系电话： |

表 3-67　　　　　**增值税纳税申报表(小规模纳税人适用)附列资料**

税款所属期：　年　月　日至　　年　月　日　　　　　　　　填表日期：年　月　日

纳税人名称(公章)：　　　　　　　　　　　　　　　　　金额单位:元至角分

| 应税服务扣除额计算 | | | |
|---|---|---|---|
| 期初余额 | 本期发生额 | 本期扣除额 | 期末余额 |
| 1 | 2 | 3(3≤1+2 之和,且 3≤5) | 4＝1+2-3 |
|  |  |  |  |
| 应税服务计税销售额计算 | | | |
| 全部含税收入 | 本期扣除额 | 含税销售额 | 不含税销售额 |
| 5 | 6＝3 | 7＝5-6 | 8＝7÷1.03 |
|  |  |  |  |

# 项目四 | 消费税纳税实训

## 实训一 消费税税额的计算与核算

### 一、实训目标

（1）根据各经济业务的原始凭证，分析并确定各该业务是否应征收消费税。

（2）根据原始凭证，计算本期应缴纳的消费税税额并进行相应账务处理。

### 二、实训过程

（1）结合模拟企业资料，根据各经济业务原始凭证，分析是否应缴纳消费税。

（2）根据原始凭证，填制记账凭证。

（3）审核记账凭证并登记相关账户。

### 三、实训资料

A市商贸公司以生产销售卷烟、酒及化妆品为主要经营业务，该企业相关信息如下：

    企业名称：G省A市商贸公司

    开户银行：建设银行G省A市分行新华路支行

    账    号：320201234560152×××

    纳税人识别号：52010152512×××

    主管国税机关：A市国家税务局

主管地税机关：A市地方税务局

经营地址：G省A市新华路66号

电　　话：81234××××

A市商贸公司是增值税一般纳税人，消费税的缴纳以一个月为一个纳税期，自期满之日起15日内申报纳税。该企业会计核算健全，近期税务机关填报纳税申报表，并填开缴款书缴纳税款。

2017年7月份，A市商贸公司与消费税核算相关经济业务如下：

【业务1】2017年7月5日，销售自产甲类卷烟给A市新阳光百货公司。开出增值税专用发票上注明销售数量3000条，单价为120元/条，金额360000元，增值税税率17%，增值税税额61200元。收到转账支票一张并于7月6日到银行进账。

1. 增值税专用发票（见表4-1）　　销售方记账联

表4-1

2. 进账单（见表4-2）

表 4-2 　　　　　　　　中国建设银行进账单（收账通知）　　　　　　　3

2017 年 7 月 6 日

| 收款人 | 全　称 | G省A市商贸公司 | 付款人 | 全　称 | G省A市新阳光百货公司 |
|---|---|---|---|---|---|
| | 账　号 | 320201234560152××× | | 账　号 | 240200900030891××× |
| | 开户银行 | 建设银行G省A市分行新华路支行 | | 开户银行 | 工商银行G省A市分行朝阳路支行 |

| 金额（大写） | 人民币 | 肆拾贰万壹仟贰佰元整 | 亿 | 千 | 百 | 十 | 万 | 千 | 百 | 十 | 元 | 角 | 分 |
|---|---|---|---|---|---|---|---|---|---|---|---|---|---|
| | | | | ¥ | 4 | 2 | 1 | 2 | 0 | 0 | 0 | 0 | 0 |

| 票据种类 | 转账支票 | 票据张数 | 1 | |
|---|---|---|---|---|
| | 复核： | | 记账： | 收款人开户银行盖章 |

3. 应纳税额计算单（见表 4-3）

表 4-3 　　　　　　　　　应纳消费税计算表

纳税人：　　　　　　　　　　　　年　月　日　　　　　　　　　　　　单位：元

| 项目 | 纳税依据 | 纳税收入 | 适用税率 | 纳税数量 | 适用税率 | 应纳金额 |
|---|---|---|---|---|---|---|
| 销售卷烟 | 从价计征 | | | | | |
| | 从量计征 | | | | | |
| | | | | | | |
| 合　计 | | | | | | |

主管：　　　　　　　　　　　复核：　　　　　　　　　　　　　制表：

【知识链接】

（1）甲类卷烟（调拨价 70 元（不含增值税）/条以上）（含 70 元）；乙类卷烟（调拨价 70 元（不含增值税）/条以下）。

（2）卷烟的消费税计征实行从量定额与从价定率相结合的复合计税方法。计算公式：

应纳税额=应税消费品的销售额×比例税率+应税消费品的销售数量×定额税率

（3）卷烟适用消费税税率如下：

①甲类卷烟：56%加 0.003 元/支（生产环节）。

②乙类卷烟：36%加 0.003 元/支（生产环节）。

③商业批发：11%（批发环节）。

（4）增值税与消费税的区别：

①增值税是商品生产和流通中各环节的新增价值可附加值部分征收的税，具有普遍征收的特点，营改增全面推广后，扩大了增值税征收范围；消费税就应税消费品的销售额或销售数量，在特定环节征收。

②增值税是价外税，消费税是价内税。

③增值税在流转环节道道征税，消费税是单一环节征税。

**编制和审核记账凭证**

附记账凭证2张（见表4-4、表4-5）

表4-4

### 记 账 凭 证

字第　　号
附件　　张
年　月　日

| 摘　要 | 总账科目 | 明细科目 | 借方金额 亿千百十万千百十元角分 | 记账符号 | 贷方金额 亿千百十万千百十元角分 | 记账符号 |
|---|---|---|---|---|---|---|
|  |  |  |  |  |  |  |
|  |  |  |  |  |  |  |
|  |  |  |  |  |  |  |
|  |  |  |  |  |  |  |
| 结算方式及票号： |  | 合　计 |  |  |  |  |

会计主管　　　　　记账　　　　　复核　　　　　制证

表4-5

### 记 账 凭 证

字第　　号
附件　　张
年　月　日

| 摘　要 | 总账科目 | 明细科目 | 借方金额 亿千百十万千百十元角分 | 记账符号 | 贷方金额 亿千百十万千百十元角分 | 记账符号 |
|---|---|---|---|---|---|---|
|  |  |  |  |  |  |  |
|  |  |  |  |  |  |  |
|  |  |  |  |  |  |  |
|  |  |  |  |  |  |  |
| 结算方式及票号： |  | 合　计 |  |  |  |  |

会计主管　　　　　记账　　　　　复核　　　　　制证

**【业务2】** 2017年7月8日，将一批自产啤酒（甲类啤酒）无偿赞助A市消夏音乐啤酒节，市场无同类产品售价。这批啤酒成本是1980元/吨，共计8吨。

**原始凭证**

1. 产品出库单（见表4-6）

表 4-6              **出库单**              No 4325682

提货单位：A市滨海区商务局       2017 年 7 月 8 日

| 产品名称 | 规格型号 | 计量单位 | 出库数量 | 单位成本 | 金额 | 备注 |
|---|---|---|---|---|---|---|
| 啤酒 | | 吨 | 8 | 1980.00 | 15840.00 | 自提 |
| | | | | | | |
| 合计 | | | 8 | | 15840.00 | |

仓库主管：杨✕         发货人：王✕✕         提货人：邹✕✕

**2. 应纳税额计算单**（见表 4-7）

表 4-7             **应纳消费税计算表**

纳税人：             年 月 日             单位：元

| 项目 | 纳税依据 | 纳税收入 | 适用税率 | 纳税数量 | 适用税率 | 应纳金额 |
|---|---|---|---|---|---|---|
| 啤酒 | 从量计征 | | | | | |
| | | | | | | |
| | | | | | | |
| 合 计 | | | | | | |

主管：          复核：             制表：

**【知识链接】**

（1）黄酒、啤酒的消费税从量征收。啤酒适用消费税税率如下：

①甲类啤酒（每吨出厂价格在 3000 元（含 3000 元，不含增值税）以上的）：单位税额 250 元/吨。

②乙类啤酒（每吨出厂价格在 3000 元（含 3000 元，不含增值税）以下的）：单位税额 220 元/吨。

③娱乐业、饮食业自制啤酒，单位税额 250 元/吨。

（2）企业自产的应税消费品虽然没有用于销售或连续生产应税消费品，但只要用于税法所规定的范围，即用于生产非应税消费品和在建工程、管理部门、非生产机构、提供劳务，以及用于馈赠、赞助、集资、广告、样品、职工福利、奖励等方面，都要视同销售，依法缴纳消费税。

①从价定率计税的消费品销售价格按以下顺序确定：

a. 有同类消费品销售价格的，按照同类消费品的销售价格计算纳税。

b. 如果当月同类消费品销售价格不均，按最近时期同类货物的平均销售价格确定。

c. 没有同类货物销售价格的，以组成计税价格确定。

$$组成计税价格 = \frac{成本+利润}{1-消费税税率}$$

$$= 成本 \times \frac{1+成本利润率}{1-消费税税率}$$

②从量计征计税的应税消费品直接按计税数量计算消费税。

③复合计税的应税消费品视同销售按以下组成计税价格确定。

组成计税价格 = （成本+利润+计税数量×定额税率）÷（1-消费税税率）

应纳税额 = 组成计税价格×比例税率+计税数量×定额税率

（3）企业发生的视同销售行为中，只有符合收入确认条件，具有销售实质的，按规定确认收入；不满足会计收入确认条件的，会计上不确认收入，根据成本进行结转。

按规定计算应交消费税时，借记"在建工程""管理费用""营业外支出""应付职工薪酬"等账户，对于不满足收入确认条件的项目贷记"库存商品"、"应交税费——应交消费税"账户；对于满足收入确认条件的项目贷记"主营业务收入"等账户，同时，借"税金及附加"账户，贷"应交税费——应交消费税"账户。

**编制和审核记账凭证**

附记账凭证 1 张（见表 4-8）

表 4-8

## 记 账 凭 证

字第　　　　　号
附件　　　　　张

年　　月　　日

| 摘　要 | 总账科目 | 明细科目 | 借方金额 亿千百十万千百十元角分 | 记账符号 | 贷方金额 亿千百十万千百十元角分 | 记账符号 |
|---|---|---|---|---|---|---|
|  |  |  |  |  |  |  |
|  |  |  |  |  |  |  |
|  |  |  |  |  |  |  |
|  |  |  |  |  |  |  |
|  |  |  |  |  |  |  |
| 结算方式及票号： |  | 合　计 |  |  |  |  |

会计主管　　　　　记账　　　　　复核　　　　　制证

【**业务3**】2017 年 7 月 9 日，缴纳上月消费税 191476.00 元。其中：卷烟类 120350 元；酒类 52256 元；其他 18870 元。

**原始凭证**

1. 电子缴税付款凭证（见表 4-9）

表 4-9　　　　　　　　　　建设银行电子缴税付款凭证

转账日期：2017 年 7 月 9 日　　　　　　　凭证字号：0021456541

纳税人全称及识别号：G 省 A 市商贸公司 52010152512××××

付款人全称：G 省 A 市商贸公司

付款人账号：320201234560152××××　　　征收机关名称：G 省 A 市国家税务局付款人开

户银行：建设银行 G 省 A 市分行新华路支行　收款国库（银行）名称：G 省 A 市国库

小写（合计）金额：¥191476.00　　　　　　缴款书交易流水号：4567821287995

大写（合计）金额：壹拾玖万壹仟肆佰柒拾陆元整　　税票号码：214564156554745785

| 税（费）种名称 | 所属时期 | 实缴金额 |
| --- | --- | --- |
| 消费税 | 20170601—20170630 | ¥191476.00 |

第 1 次打印　　　　　　　　打印日期：2017 年 7 月 9 日

第二联：作付款回单（无银行收讫章无效）复核　　记账

2. 银行付款回单（见表 4-10）

表 4-10

付 款 回 单

日期：2017 年 7 月 9 日　　业务类型：商务支付业务　　流水号：HD52MHJ2547D6E42

付款人账号：320201234560152××××

户名：G 省 A 市商贸公司

开户行：建设银行 G 省 A 市分行新华路支行

大写金额：壹拾玖万壹仟肆佰柒拾陆元整

小写金额：¥191476.00

收款人户名：G 省 A 市国家税务局

收款人账号：5658546125456××××

收款人开户行：建设银行 G 省 A 市立阳支行

摘要：待缴上月消费税

经办：AB523524

回单编号：10201245791245　　回单验证码：BE4O-CRG5——BED5-E5Y8

提示：（1）电子回单验证码相同表示同一笔业务，请勿重复记账使用。

（2）已在银行柜台领用业务回单的单位，请注意核对，勿重复记账使用。

打印日期：2017 年 7 月 9 日 14 点 25 分

【知识链接】

（1）消费税纳税人 1 个月或一个季度为一个纳税期的，自期满之日起 15 天内申报纳税，以 1 日、3 日、5 日、10 日或者 15 日为一个纳税期的，自期满之日起 5

日内预缴税款，于次月 1 日起 15 日内申报纳税并结清上月应纳税款。

（2）缴纳消费税时，借记"应交税费——应交消费税"，贷记"银行存款"等。

**编制和审核记账凭证**

附记账凭证 1 张（见表 4-11）

表 4-11

### 记 账 凭 证

年　　月　　日　　　　　　　　　　　　　　　字第　　　　号
附件　　　　　张

| 摘　要 | 总账科目 | 明细科目 | 借方金额 亿千百十万千百十元角分 | 记账符号 | 贷方金额 亿千百十万千百十元角分 | 记账符号 |
|---|---|---|---|---|---|---|
|  |  |  |  |  |  |  |
|  |  |  |  |  |  |  |
|  |  |  |  |  |  |  |
|  |  |  |  |  |  |  |
| 结算方式及票号： |  | 合　计 |  |  |  |  |

会计主管　　　　　　记账　　　　　　复核　　　　　　制证

【业务 4】2017 年 7 月 12 日，向 B 市星光有限公司销售黄酒 50 吨，开出增值税专用发票上注明单价 5800 元，金额 290000 元，增值税税率 17%，税额 49300 元。黄酒已发出，并到银行办妥委托收款手续。

**原始凭证**

1. 增值税专用发票（见表 4-12）销售方记账联

表 4-12

| | | |
|---|---|---|
| 5201015210 | 增值税专用发票 G省 | N000113513 |

开票日期：2017年7月12日

| 购买方 | 名　称： | G省B市星光有限公司 | | | | 密码区 | 67/\*3\*0/611\*++0/0\*/\*+3+2/9 \*11\*+66666\*/066611\*+66666\* 1\*\*+216\*\*\*6000\*261\*2\*4/\*547 203994+-42\*64151\*6915361/3\* | | |
| | 纳税人识别号： | 52010152134×××× | | | | | | | |
| | 地址、电话： | G省B市上海路78号 84227×××× | | | | | | | |
| | 开户行及账号： | 建设银行G省B市分行上海路支行320501234560×××× | | | | | | | |

| 货物或应税劳务、服务名称 | 规格型号 | 单位 | 数量 | 单价 | 金额 | 税率 | 税额 |
|---|---|---|---|---|---|---|---|
| 黄酒 | | 吨 | 50 | 5800 | 290000.00 | 17% | 49300.00 |
| | | | | | | | |
| 合　计 | | | | | ￥ 290000.00 | | ￥ 49300.00 |

| 价税合计（大写） | 叁拾叁万玖仟叁佰元整 | | | （小写）　￥ 339300.00 |
|---|---|---|---|---|

| 销售方 | 名　称： | G省A市商贸公司 | | 备注 |
| | 纳税人识别号： | 52010152512×××× | | |
| | 地址、电话： | G省A市新华路66号 81234×××× | | |
| | 开户行及账号： | 建设银行G省A市分行新华路支行320201234560×××× | | |

收款人：　　　　复核：李×　　　　开票人：李××　　　　销售方：（章）

**67**

## 2. 产品出库单（见表 4-13）

表 4-13        **出库单**         No 4325683

购货单位：G 省 B 市星光有限公司     2017 年 7 月 12 日

| 产品名称 | 规格型号 | 计量单位 | 出库数量 | 单位成本 | 金额 | 备注 |
|---|---|---|---|---|---|---|
| 黄酒 | | 吨 | 50 | 3580.00 | 179000.00 | |
| | | | | | | |
| | | | | | | |
| | | | | | | |
| | | | | | | |
| 合计 | | | 50 | | 179000.00 | |

仓库主管：杨×      发货人：王××       提货人：邹××

## 3. 委托收款凭证（回单）（见表 4-14）

表 4-14

| 委电 | | | **委托收款凭证(回单)** | | | 1 第 号 |
|---|---|---|---|---|---|---|

委托日期 2017 年 7 月 12 日      委托号码：

| 付款人 | 全称 | G省B市星光有限公司 | 收款人 | 全称 | G省A市商贸公司 | |
|---|---|---|---|---|---|---|
| | 账号或地址 | 320501234560XXXX | | 账号 | 320201234560152XXXX | |
| | 开户银行 | 建设银行G省B市分行上海路支行 | | 开户银行 | 建设银行G省A市分行新华路支行 | 行号 0152 |

| 委收金额 | 人民币(大写) | 叁拾叁万玖仟叁佰元整 | 千 百 十 万 千 百 十 元 角 分 ￥3 3 9 3 0 0 0 0 |
|---|---|---|---|

| 款项内容 | 黄酒款 | 委托收款凭据名称 | | 附寄单证张数 | |
|---|---|---|---|---|---|

备注

款项收委日期   年 月 日    收款人开户   2017.07.12 业务办讫章(04)   日

单位主管    会计    复核    记账

## 4. 应纳税额计算单（见表 4-15）

表 4-15　　　　　　　　　　　　　　**应纳消费税计算表**

纳税人：　　　　　　　　　　　　　　　年　月　日　　　　　　　　　　　　单位：元

| 项目 | 纳税依据 | 纳税收入 | 适用税率 | 纳税数量 | 适用税率 | 应纳金额 |
|---|---|---|---|---|---|---|
| 销售黄酒 | 从量计征 | | | | | |
| | | | | | | |
| | | | | | | |
| | | | | | | |
| | | | | | | |
| | | | | | | |
| 合　计 | | | | | | |

主管：　　　　　　　　　　复核：　　　　　　　　　　　　　　制表：

【知识链接】

（1）黄酒消费税率 240 元/吨。

（2）计量单位的换算标准。

税法规定：黄酒 1 吨 = 962 升　　啤酒 1 吨 = 988 升

**编制和审核记账凭证**

附记账凭证 3 张（见表 4-16、表 4-17、表 4-18）

表 4-16

# 记账凭证

　　　　　　　　　　　　　　　　　　　　　　　　字第　　　　　　号
　　　　　　　年　　月　　日　　　　　　　　　　附件　　　　　　张

| 摘　要 | 总账科目 | 明细科目 | 借方金额 亿千百十万千百十元角分 | 记账符号 | 贷方金额 亿千百十万千百十元角分 | 记账符号 |
|---|---|---|---|---|---|---|
| | | | | | | |
| | | | | | | |
| | | | | | | |
| | | | | | | |
| | | | | | | |
| 结算方式及票号： | | 合　计 | | | | |

会计主管　　　　　　　记账　　　　　　　复核　　　　　　　制证

表 4-17

## 记账凭证

<table>
<tr><td colspan="4"></td><td colspan="3">年　月　日</td><td colspan="12"></td><td>字第<br>附件</td><td colspan="4"></td><td>号<br>张</td></tr>
<tr><td colspan="2" rowspan="2">摘　要</td><td rowspan="2">总账科目</td><td rowspan="2">明细科目</td><td colspan="9">借方金额</td><td rowspan="2">记账<br>符号</td><td colspan="9">贷方金额</td><td rowspan="2">记账<br>符号</td></tr>
<tr><td>亿</td><td>千</td><td>百</td><td>十</td><td>万</td><td>千</td><td>百</td><td>十</td><td>元</td><td>角</td><td>分</td><td>亿</td><td>千</td><td>百</td><td>十</td><td>万</td><td>千</td><td>百</td><td>十</td><td>元</td><td>角</td><td>分</td></tr>
<tr><td colspan="2"></td><td></td><td></td><td></td><td></td><td></td><td></td><td></td><td></td><td></td><td></td><td></td><td></td><td></td><td></td><td></td><td></td><td></td><td></td><td></td><td></td><td></td><td></td><td></td><td></td><td></td></tr>
<tr><td colspan="2"></td><td></td><td></td><td></td><td></td><td></td><td></td><td></td><td></td><td></td><td></td><td></td><td></td><td></td><td></td><td></td><td></td><td></td><td></td><td></td><td></td><td></td><td></td><td></td><td></td><td></td><td></td></tr>
<tr><td colspan="2"></td><td></td><td></td><td></td><td></td><td></td><td></td><td></td><td></td><td></td><td></td><td></td><td></td><td></td><td></td><td></td><td></td><td></td><td></td><td></td><td></td><td></td><td></td><td></td><td></td><td></td><td></td></tr>
<tr><td colspan="2"></td><td></td><td></td><td></td><td></td><td></td><td></td><td></td><td></td><td></td><td></td><td></td><td></td><td></td><td></td><td></td><td></td><td></td><td></td><td></td><td></td><td></td><td></td><td></td><td></td><td></td><td></td></tr>
<tr><td colspan="2"></td><td></td><td></td><td></td><td></td><td></td><td></td><td></td><td></td><td></td><td></td><td></td><td></td><td></td><td></td><td></td><td></td><td></td><td></td><td></td><td></td><td></td><td></td><td></td><td></td><td></td><td></td></tr>
<tr><td colspan="2">结算方式及票号：</td><td></td><td>合　计</td><td></td><td></td><td></td><td></td><td></td><td></td><td></td><td></td><td></td><td></td><td></td><td></td><td></td><td></td><td></td><td></td><td></td><td></td><td></td><td></td><td></td><td></td><td></td></tr>
</table>

会计主管　　　　　　记账　　　　　　复核　　　　　　　　制证

表 4-18

## 记账凭证

<table>
<tr><td colspan="4"></td><td colspan="3">年　月　日</td><td colspan="12"></td><td>字第<br>附件</td><td colspan="4"></td><td>号<br>张</td></tr>
<tr><td colspan="2" rowspan="2">摘　要</td><td rowspan="2">总账科目</td><td rowspan="2">明细科目</td><td colspan="9">借方金额</td><td rowspan="2">记账<br>符号</td><td colspan="9">贷方金额</td><td rowspan="2">记账<br>符号</td></tr>
<tr><td>亿</td><td>千</td><td>百</td><td>十</td><td>万</td><td>千</td><td>百</td><td>十</td><td>元</td><td>角</td><td>分</td><td>亿</td><td>千</td><td>百</td><td>十</td><td>万</td><td>千</td><td>百</td><td>十</td><td>元</td><td>角</td><td>分</td></tr>
<tr><td colspan="2"></td><td></td><td></td><td></td><td></td><td></td><td></td><td></td><td></td><td></td><td></td><td></td><td></td><td></td><td></td><td></td><td></td><td></td><td></td><td></td><td></td><td></td><td></td><td></td><td></td><td></td><td></td></tr>
<tr><td colspan="2"></td><td></td><td></td><td></td><td></td><td></td><td></td><td></td><td></td><td></td><td></td><td></td><td></td><td></td><td></td><td></td><td></td><td></td><td></td><td></td><td></td><td></td><td></td><td></td><td></td><td></td><td></td></tr>
<tr><td colspan="2"></td><td></td><td></td><td></td><td></td><td></td><td></td><td></td><td></td><td></td><td></td><td></td><td></td><td></td><td></td><td></td><td></td><td></td><td></td><td></td><td></td><td></td><td></td><td></td><td></td><td></td><td></td></tr>
<tr><td colspan="2"></td><td></td><td></td><td></td><td></td><td></td><td></td><td></td><td></td><td></td><td></td><td></td><td></td><td></td><td></td><td></td><td></td><td></td><td></td><td></td><td></td><td></td><td></td><td></td><td></td><td></td><td></td></tr>
<tr><td colspan="2">结算方式及票号：</td><td></td><td>合　计</td><td></td><td></td><td></td><td></td><td></td><td></td><td></td><td></td><td></td><td></td><td></td><td></td><td></td><td></td><td></td><td></td><td></td><td></td><td></td><td></td><td></td><td></td><td></td></tr>
</table>

会计主管　　　　　　记账　　　　　　复核　　　　　　　　制证

　　**【业务 5】** 2017 年 7 月 18 日，向 A 市利达公司销售粮食白酒，包装物随同产品销售并单独计价核算。开出增值税专用发票上注明粮食白酒单价 10000 元/吨，数量 20 吨，金额 200000 元，增值税税额 34000 元；包装桶单价 60 元/个，数量 200 个，金额 12000 元，增值税税额 2040 元；价税合计共 248040 元。货于当日发出，收到转账支票一张并于 6 月 19 日到银行进账。

　　**原始凭证**

　　1. 增值税专用发票（见表 4-19）　　销售方记账联

表 4-19

发票号码：5201015210 N000113514

增值税专用发票

G省

开票日期:2017年7月18日

| 购买方 | 名 称： | G省A市利达公司 | | | | | 密码区 | 67/*+3*0/611*++0/+0*/*+3+2/9 |
|---|---|---|---|---|---|---|---|---|
| | 纳税人识别号： | 52010152567×××× | | | | | | *11*+66666*066611*+66666* |
| | 地址、电话： | G省A市北京路99号 8123×××× | | | | | | 1**+216***6000*261*2*4/*547 |
| | 开户行及账号： | 农业银行G省A市北京路支行661201234560152×××× | | | | | | 203994+-42*64151*6915361/3* |

| 货物或应税劳务、服务名称 | 规格型号 | 单位 | 数量 | 单价 | 金额 | 税率 | 税额 |
|---|---|---|---|---|---|---|---|
| 粮食白酒 | | 吨 | 20 | 10000 | 200000.00 | 17% | 34000.00 |
| 包装桶 | | 个 | 200 | 60 | 12000.00 | 17% | 2040.00 |
| 合 计 | | | | | ¥ 212000.00 | | ¥ 36040.00 |

| 价税合计（大写） | 贰拾肆万捌仟零肆拾元整 | （小写） ¥ 248040.00 |
|---|---|---|

| 销售方 | 名 称： | G省A市商贸公司 | 备注 |
|---|---|---|---|
| | 纳税人识别号： | 52010152512×××× | |
| | 地址、电话： | G省A市新华路66号 81234×××× | |
| | 开户行及账号： | 建设银行G省A市分行新华路支行320201234560×××× | |

收款人： 复核：李× 开票人：李×× 销售方：（章）

第一联：记账联 销售方记账凭证

## 2. 进账单（见表 4-20）

表 4-20　　　　　　**中国建设银行进账单**（收账通知）　　　　　3

2017 年 7 月 19 日

| 收款人 | 全 称 | G省 A市商贸公司 | 付款人 | 全 称 | G省 A市利达公司 |
|---|---|---|---|---|---|
| | 账 号 | 320201234560152×××× | | 账 号 | 661201234560152×××× |
| | 开户银行 | 建设银行 G省 A市分行新华路支行 | | 开户银行 | 农业银行 G省 A市北京路支行 |

| 金额 | 人民币（大写） | 贰拾肆万捌仟零肆拾元整 | 亿 | 千 | 百 | 十 | 万 | 千 | 百 | 十 | 元 | 角 | 分 |
|---|---|---|---|---|---|---|---|---|---|---|---|---|---|
| | | | | | ¥ | 2 | 4 | 8 | 0 | 4 | 0 | 0 | 0 |

| 票据种类 | 转账支票 | 票据张数 | 1 | |
|---|---|---|---|---|

复核： 　　记账： 　　　　　　　　收款人开户银行盖章

## 3. 出库单（见表 4-21、表 4-22）

表 4-21　　　　　　　　　　　**出库单**　　　　　　　　　　No 4325684

购货单位：G 省 A 市利达公司　　　　　2017 年 7 月 18 日

| 产品名称 | 规格型号 | 计量单位 | 出库数量 | 单位成本 | 金额 | 备注 |
|---|---|---|---|---|---|---|
| 粮食白酒 | | 吨 | 20 | 6000 | 120000.00 | |
| | | | | | | |
| | | | | | | |
| | | | | | | |
| 合　计 | | | 20 | 120000.00 | | |

仓库主管：杨✕　　　　　　　发货人：王✕✕　　　　　　　提货人：邹✕✕

表 4-22　　　　　　　　　　　**出库单**　　　　　　　　　　No 4325685

购货单位：G 省 A 市利达公司　　　　　2017 年 7 月 18 日

| 产品名称 | 规格型号 | 计量单位 | 出库数量 | 单位成本 | 金额 | 备注 |
|---|---|---|---|---|---|---|
| 包装桶 | | 个 | 200 | 50.00 | 10000.00 | |
| | | | | | | |
| | | | | | | |
| | | | | | | |
| 合　计 | | | 200 | | 10000.00 | |

仓库主管：杨✕　　　　　　　发货人：王✕✕　　　　　　　提货人：邹✕✕

### 4. 应纳税额计算单（见表 4-23）

表 4-23　　　　　　　　　　**应纳消费税计算表**

纳税人：　　　　　　　　　　　年　月　日　　　　　　　　　单位：元

| 项目 | 纳税依据 | 纳税收入 | 适用税率 | 纳税数量 | 适用税率 | 应纳金额 |
|---|---|---|---|---|---|---|
| 销售粮食白酒 | 从价计征 | | | | | |
| | 从量计征 | | | | | |
| 包装桶 | 从价计征 | | | | | |
| 合　计 | | | | | | |

主管：　　　　　　　　　复核：　　　　　　　　　制表：

**【知识链接】**

（1）粮食白酒消费税复合计征。适用税率：20%加0.5元/500克。

现行消费税的征税范围中，只有卷烟、白酒采用复合计征方法。复合计征的计税依据为销售额和销售数量。

生产销售卷烟、白酒从量定额计税依据为销售数量。进口、委托加工、自产自用卷烟、白酒从量定额计税依据分别为海关核定的进口征税数量、委托加工委托方收回数量、移送使用数量。

（2）包装物销售的核算。实行从价计征消费税的应税消费品连同包装物销售的，无论包装物是否单独计价以及在会计上如何核算，均应并入应税消费品的销售额中征收消费税。

**编制和审核记账凭证**

附记账凭证4张（见表4-24、表4-25、表4-26、表4-27）

表4-24

### 记账凭证

年　　月　　日　　　　字第　　号　　附件　　张

| 摘要 | 总账科目 | 明细科目 | 借方金额 亿千百十万千百十元角分 | 记账符号 | 贷方金额 亿千百十万千百十元角分 | 记账符号 |
|---|---|---|---|---|---|---|
|  |  |  |  |  |  |  |
|  |  |  |  |  |  |  |
|  |  |  |  |  |  |  |
|  |  |  |  |  |  |  |
|  |  |  |  |  |  |  |
| 结算方式及票号： |  | 合计 |  |  |  |  |

会计主管　　　　　记账　　　　　复核　　　　　制证

表4-25

### 记账凭证

年　　月　　日　　　　字第　　号　　附件　　张

| 摘要 | 总账科目 | 明细科目 | 借方金额 亿千百十万千百十元角分 | 记账符号 | 贷方金额 亿千百十万千百十元角分 | 记账符号 |
|---|---|---|---|---|---|---|
|  |  |  |  |  |  |  |
|  |  |  |  |  |  |  |
|  |  |  |  |  |  |  |
|  |  |  |  |  |  |  |
|  |  |  |  |  |  |  |
| 结算方式及票号： |  | 合计 |  |  |  |  |

会计主管　　　　　记账　　　　　复核　　　　　制证

表 4-26

## 记账凭证

<table>
<tr><td rowspan="2">摘　要</td><td rowspan="2">总账科目</td><td rowspan="2">明细科目</td><td colspan="10">借方金额</td><td rowspan="2">记账符号</td><td colspan="10">贷方金额</td><td rowspan="2">记账符号</td></tr>
<tr><td>亿</td><td>千</td><td>百</td><td>十</td><td>万</td><td>千</td><td>百</td><td>十</td><td>元</td><td>角</td><td>分</td><td>亿</td><td>千</td><td>百</td><td>十</td><td>万</td><td>千</td><td>百</td><td>十</td><td>元</td><td>角</td><td>分</td></tr>
<tr><td></td><td></td><td></td><td></td><td></td><td></td><td></td><td></td><td></td><td></td><td></td><td></td><td></td><td></td><td></td><td></td><td></td><td></td><td></td><td></td><td></td><td></td><td></td><td></td><td></td></tr>
<tr><td></td><td></td><td></td><td></td><td></td><td></td><td></td><td></td><td></td><td></td><td></td><td></td><td></td><td></td><td></td><td></td><td></td><td></td><td></td><td></td><td></td><td></td><td></td><td></td><td></td></tr>
<tr><td></td><td></td><td></td><td></td><td></td><td></td><td></td><td></td><td></td><td></td><td></td><td></td><td></td><td></td><td></td><td></td><td></td><td></td><td></td><td></td><td></td><td></td><td></td><td></td><td></td></tr>
<tr><td></td><td></td><td></td><td></td><td></td><td></td><td></td><td></td><td></td><td></td><td></td><td></td><td></td><td></td><td></td><td></td><td></td><td></td><td></td><td></td><td></td><td></td><td></td><td></td><td></td></tr>
<tr><td></td><td></td><td></td><td></td><td></td><td></td><td></td><td></td><td></td><td></td><td></td><td></td><td></td><td></td><td></td><td></td><td></td><td></td><td></td><td></td><td></td><td></td><td></td><td></td><td></td></tr>
<tr><td>结算方式及票号：</td><td colspan="2">合　计</td><td></td><td></td><td></td><td></td><td></td><td></td><td></td><td></td><td></td><td></td><td></td><td></td><td></td><td></td><td></td><td></td><td></td><td></td><td></td><td></td><td></td><td></td><td></td></tr>
</table>

会计主管　　　　　记账　　　　　复核　　　　　制证

表 4-27

## 记账凭证

<table>
<tr><td rowspan="2">摘　要</td><td rowspan="2">总账科目</td><td rowspan="2">明细科目</td><td colspan="10">借方金额</td><td rowspan="2">记账符号</td><td colspan="10">贷方金额</td><td rowspan="2">记账符号</td></tr>
<tr><td>亿</td><td>千</td><td>百</td><td>十</td><td>万</td><td>千</td><td>百</td><td>十</td><td>元</td><td>角</td><td>分</td><td>亿</td><td>千</td><td>百</td><td>十</td><td>万</td><td>千</td><td>百</td><td>十</td><td>元</td><td>角</td><td>分</td></tr>
<tr><td></td><td></td><td></td><td></td><td></td><td></td><td></td><td></td><td></td><td></td><td></td><td></td><td></td><td></td><td></td><td></td><td></td><td></td><td></td><td></td><td></td><td></td><td></td><td></td><td></td></tr>
<tr><td></td><td></td><td></td><td></td><td></td><td></td><td></td><td></td><td></td><td></td><td></td><td></td><td></td><td></td><td></td><td></td><td></td><td></td><td></td><td></td><td></td><td></td><td></td><td></td><td></td></tr>
<tr><td></td><td></td><td></td><td></td><td></td><td></td><td></td><td></td><td></td><td></td><td></td><td></td><td></td><td></td><td></td><td></td><td></td><td></td><td></td><td></td><td></td><td></td><td></td><td></td><td></td></tr>
<tr><td></td><td></td><td></td><td></td><td></td><td></td><td></td><td></td><td></td><td></td><td></td><td></td><td></td><td></td><td></td><td></td><td></td><td></td><td></td><td></td><td></td><td></td><td></td><td></td><td></td></tr>
<tr><td>结算方式及票号：</td><td colspan="2">合　计</td><td></td><td></td><td></td><td></td><td></td><td></td><td></td><td></td><td></td><td></td><td></td><td></td><td></td><td></td><td></td><td></td><td></td><td></td><td></td><td></td><td></td><td></td><td></td></tr>
</table>

会计主管　　　　　记账　　　　　复核　　　　　制证

【业务 6】2017 年 7 月 22 日，向 C 市金星公司销售自产的其他酒一批。开出增值税专用发票上注明单价 5000 元/吨，数量 12 吨，金额 60000 元，增值税税额 10200 元，货款尚未收到。金星公司以现金支付包装物押金 4680 元，开出现金收款收据一张。

**原始凭证**

1. 增值税专用发票（见表 4-28）销售方记账联

表 4-28

**5201015210**　　　　**增值税专用发票**　　　N000113515

（印章：全增值税专用发票　国家税务总局监制　不得作为报销凭证使用）

开票日期：2017年7月22日

| 购买方 | 名　称： | G省C市金星公司 | | | | 67/*+3*0/611*++0/+0*/*+3+2/9 |
|---|---|---|---|---|---|---|
| | 纳税人识别号： | 52010152634×××× | | | | *11*+66666**066611*+66666* |
| | 地址、电话： | G省C市复兴路998号 84337×××× | | | | 1**+216***6000*261*2*4/*547 |
| | 开户行及账号： | 建设银行G省C市分行复兴路支行320506234789×××× | | | | 203994+-42*64151*6915361/3* |

| 货物或应税劳务、服务名称 | 规格型号 | 单位 | 数量 | 单价 | 金额 | 税率 | 税额 |
|---|---|---|---|---|---|---|---|
| 其他酒 | | 吨 | 12 | 5000 | 60000.00 | 17% | 10200.00 |
| 合　计 | | | | | ¥ 60000.00 | | ¥ 10200.00 |

| 价税合计（大写） | 柒万零贰佰元整 | （小写）¥ 70200.00 |
|---|---|---|

| 销售方 | 名　称： | G省A市商贸公司 | 备注 |
|---|---|---|---|
| | 纳税人识别号： | 52010152512×××× | |
| | 地址、电话： | G省A市新华路66号 81234×××× | |
| | 开户行及账号： | 建设银行G省A市分行新华路支行320201234560×××× | |

收款人：李×　　复核：李××　　开票人：李××　　销售方：（发票专用章　G省A市商贸公司　5201015251230152015　发票专用章）

国家税务 (2014) 257 号浙江印刷厂　第一联：记账联　销售方记账凭证

2. 收款收据（见表 4-29）

表 4-29　　　　　　　**收款收据**　　　　　　No. 653512645

2017 年 7 月 22 日

| 交款单位或交款人 | C 市金星公司 | 收款方式 | 现金 |
|---|---|---|---|
| 事由　包装物押金 | | | 备注： |
| 人民币（大写）：　肆仟陆佰捌拾元整 | | ¥4680.00 | |
| 收款人：李×× | 收款单位（盖章）： | | 交款人：陈× |

3. 应纳税额计算单（见表 4-30）

表 4-30                 **应纳消费税计算表**

纳税人：                 年   月   日                 单位：元

| 项目 | 纳税依据 | 纳税收入 | 适用税率 | 纳税数量 | 适用税率 | 应纳金额 |
|------|---------|---------|---------|---------|---------|---------|
| 其他酒 | 从价计征 | | | | | |
| 包装物押金 | | | | | | |
| | | | | | | |
| 合　计 | | | | | | |

主管：                    复核：                    制表：

**【知识链接】**

（1）其他酒的消费税从价计征。其他酒适用税率 10%。

（2）销售除酒类应税消费品，如果包装物不作价随同产品销售，而是收取押金，此项押金则不应并入应税消费品的销售额中征税。但对逾期未收回的包装物不再退还的或者已收取的时间超过 12 个月的押金，应并入应税消费品的销售额，按照应税消费品适用税率缴纳消费税。

对既作价随同应税消费品销售，又另外收取押金的包装物的押金，凡纳税人在规定的期限内没有退还的，均应并入应税消费品的销售额，按照应税消费品的适用税率缴纳消费税。

（3）对酒类产品生产企业销售酒类产品（啤酒黄酒除外）而收取的包装物押金，无论押金是否返还与会计上如何核算，均需并入酒类产品销售额中，依酒类产品的适用税率征收消费税。

（4）根据国家税务总局的规定，对增值税一般纳税人向购买方收取的价外费用和逾期包装物押金，应视为含税（增值税）收入，在征税时换算成不含税（增值税）收入再并入销售额。

**编制和审核记账凭证**

附记账凭证 3 张（见表 4-31、表 4-32、表 4-33）

表 4-31

### 记 账 凭 证

                                                          字第       号

             年     月     日                                          附件       张

| 摘　要 | 总账科目 | 明细科目 | 借方金额 亿千百十万千百十元角分 | 记账符号 | 贷方金额 亿千百十万千百十元角分 | 记账符号 |
|--------|---------|---------|------------------------------|---------|------------------------------|---------|
| | | | | | | |
| | | | | | | |
| | | | | | | |
| | | | | | | |
| 结算方式及票号： | | 合　计 | | | | |

会计主管             记账             复核             制证

表 4-32

## 记账凭证

<table>
<tr><td colspan="2"></td><td colspan="2"></td><td colspan="2"></td><td>字</td><td>第</td><td>号</td></tr>
<tr><td colspan="4" align="center">年　月　日</td><td colspan="2"></td><td>附件</td><td></td><td>张</td></tr>
<tr><td rowspan="2">摘　要</td><td rowspan="2">总账科目</td><td rowspan="2">明细科目</td><td colspan="10">借方金额</td><td rowspan="2">记账<br>符号</td><td colspan="10">贷方金额</td><td rowspan="2">记账符<br>号</td></tr>
<tr><td>亿</td><td>千</td><td>百</td><td>十</td><td>万</td><td>千</td><td>百</td><td>十</td><td>元</td><td>角</td><td>分</td><td>亿</td><td>千</td><td>百</td><td>十</td><td>万</td><td>千</td><td>百</td><td>十</td><td>元</td><td>角</td><td>分</td></tr>
<tr><td></td><td></td><td></td><td></td><td></td><td></td><td></td><td></td><td></td><td></td><td></td><td></td><td></td><td></td><td></td><td></td><td></td><td></td><td></td><td></td><td></td><td></td><td></td><td></td><td></td><td></td></tr>
<tr><td></td><td></td><td></td><td></td><td></td><td></td><td></td><td></td><td></td><td></td><td></td><td></td><td></td><td></td><td></td><td></td><td></td><td></td><td></td><td></td><td></td><td></td><td></td><td></td><td></td><td></td></tr>
<tr><td></td><td></td><td></td><td></td><td></td><td></td><td></td><td></td><td></td><td></td><td></td><td></td><td></td><td></td><td></td><td></td><td></td><td></td><td></td><td></td><td></td><td></td><td></td><td></td><td></td><td></td></tr>
<tr><td></td><td></td><td></td><td></td><td></td><td></td><td></td><td></td><td></td><td></td><td></td><td></td><td></td><td></td><td></td><td></td><td></td><td></td><td></td><td></td><td></td><td></td><td></td><td></td><td></td><td></td></tr>
<tr><td colspan="2">结算方式及票号：</td><td align="center">合　计</td><td></td><td></td><td></td><td></td><td></td><td></td><td></td><td></td><td></td><td></td><td></td><td></td><td></td><td></td><td></td><td></td><td></td><td></td><td></td><td></td><td></td><td></td><td></td></tr>
</table>

会计主管　　　　　　记账　　　　　　复核　　　　　　制证

表 4-33

## 记账凭证

<table>
<tr><td colspan="2"></td><td colspan="2"></td><td colspan="2"></td><td>字</td><td>第</td><td>号</td></tr>
<tr><td colspan="4" align="center">年　月　日</td><td colspan="2"></td><td>附件</td><td></td><td>张</td></tr>
<tr><td rowspan="2">摘　要</td><td rowspan="2">总账科目</td><td rowspan="2">明细科目</td><td colspan="10">借方金额</td><td rowspan="2">记账<br>符号</td><td colspan="10">贷方金额</td><td rowspan="2">记账符<br>号</td></tr>
<tr><td>亿</td><td>千</td><td>百</td><td>十</td><td>万</td><td>千</td><td>百</td><td>十</td><td>元</td><td>角</td><td>分</td><td>亿</td><td>千</td><td>百</td><td>十</td><td>万</td><td>千</td><td>百</td><td>十</td><td>元</td><td>角</td><td>分</td></tr>
<tr><td></td><td></td><td></td><td></td><td></td><td></td><td></td><td></td><td></td><td></td><td></td><td></td><td></td><td></td><td></td><td></td><td></td><td></td><td></td><td></td><td></td><td></td><td></td><td></td><td></td><td></td></tr>
<tr><td></td><td></td><td></td><td></td><td></td><td></td><td></td><td></td><td></td><td></td><td></td><td></td><td></td><td></td><td></td><td></td><td></td><td></td><td></td><td></td><td></td><td></td><td></td><td></td><td></td><td></td></tr>
<tr><td></td><td></td><td></td><td></td><td></td><td></td><td></td><td></td><td></td><td></td><td></td><td></td><td></td><td></td><td></td><td></td><td></td><td></td><td></td><td></td><td></td><td></td><td></td><td></td><td></td><td></td></tr>
<tr><td></td><td></td><td></td><td></td><td></td><td></td><td></td><td></td><td></td><td></td><td></td><td></td><td></td><td></td><td></td><td></td><td></td><td></td><td></td><td></td><td></td><td></td><td></td><td></td><td></td><td></td></tr>
<tr><td colspan="2">结算方式及票号：</td><td align="center">合　计</td><td></td><td></td><td></td><td></td><td></td><td></td><td></td><td></td><td></td><td></td><td></td><td></td><td></td><td></td><td></td><td></td><td></td><td></td><td></td><td></td><td></td><td></td><td></td></tr>
</table>

会计主管　　　　　　记账　　　　　　复核　　　　　　制证

【业务 7】2017 年 7 月 25 日，将自产化妆品作为职工福利，该批化妆品无同类产品销售价格，成本为 50000 元。

**原始凭证**

1. 出库单（见表 4-34）

表 4-34　　　　　　　　　　　　　**出库单**　　　　　　　　No 4325686

购货单位：　　　　　　　　　　2017 年 7 月 25 日

| 产品名称 | 规格型号 | 计量单位 | 出库数量 | 单位成本 | 金额 | 备注 |
|---|---|---|---|---|---|---|
| 化妆品 | | 套 | 160 | 312.50 | 50000.00 | |
| | | | | | | |
| 合计 | | | 160 | | 50000.00 | |

仓库主管：杨×　　　　　　　　　发货人：王××　　　　　　　　提货人：邹××

2. 应纳税额计算单（见表4-35）

表4-35　　　　　　　　　　　**应纳消费税计算表**

纳税人：　　　　　　　　　　　年　月　日　　　　　　　　　　单位：元

| 项目 | 纳税依据 | 纳税收入 | 适用税率 | 纳税数量 | 适用税率 | 应纳金额 |
|---|---|---|---|---|---|---|
| 化妆品 | 从价计征 | | | | | |
| | | | | | | |
| | | | | | | |
| 合　计 | | | | | | |

主管：　　　　　　　　　复核：　　　　　　　　　制表：

**【知识链接】**

（1）化妆品的消费税税率30%。化妆品全国平均成本利润率5%。

（2）企业自产的应税消费品虽然没有用于销售或连续生产应税消费品，但只要用于税法所规定的范围，即用于生产非应税消费品和在建工程、管理部门、非生产机构、提供劳务，以及用于馈赠、赞助、集资、广告、样品、职工福利、奖励等方面，都要视同销售，依法缴纳消费税。

①从价定率计税的消费品销售价格按以下顺序确定：

a. 有同类消费品销售价格的，按照同类消费品的销售价格计算纳税。

b. 如果当月同类消费品销售价格不均，按最近时期同类货物的平均销售价格确定；

c. 没有同类货物销售价格的，以组成计税价格确定。

$$组成计税价格=\frac{成本+利润}{1-消费税税率}$$

$$=成本\times\frac{1+成本利润率}{1-消费税税率}$$

②从量计征计税的应税消费品直接按计税数量计算消费税。

③复合计税的应税消费品视同销售按以下组成计税价格确定。

$$组成计税价格=\frac{成本+利润+计税数量\times定额税率}{1-消费税税率}$$

$$应纳税额=组成计税价格\times比例税率+计税数量\times定额税率$$

（3）自产产品用于职工福利，从会计角度判断符合收入确认条件，确认为收入。从税法角度来判断属于视同销售行为。计提应交消费税时，借记"税金及附加"账户，贷记"应交税费——应交消费税"账户；实际缴纳消费税时，借记"应交税费——应交消费税"账户，贷记"银行存款"账户。

**编制和审核记账凭证**

附记账凭证 3 张（见表 4-36、表 4-37、表 4-38）

表 4-36

### 记账凭证

字第 号
附件 张

年 月 日

| 摘要 | 总账科目 | 明细科目 | 借方金额 | | | | | | | | | | 记账符号 | 贷方金额 | | | | | | | | | | 记账符号 |
|---|---|---|亿|千|百|十|万|千|百|十|元|角|分||亿|千|百|十|万|千|百|十|元|角|分||
| | | | | | | | | | | | | | | | | | | | | | | | | | |
| | | | | | | | | | | | | | | | | | | | | | | | | | |
| | | | | | | | | | | | | | | | | | | | | | | | | | |
| | | | | | | | | | | | | | | | | | | | | | | | | | |
| | | | | | | | | | | | | | | | | | | | | | | | | | |
| 结算方式及票号： | | 合 计 | | | | | | | | | | | | | | | | | | | | | | | | |

会计主管　　　　　　记账　　　　　　复核　　　　　　制证

表 4-37

### 记账凭证

字第 号
附件 张

年 月 日

| 摘要 | 总账科目 | 明细科目 | 借方金额 | | | | | | | | | | 记账符号 | 贷方金额 | | | | | | | | | | 记账符号 |
|---|---|---|亿|千|百|十|万|千|百|十|元|角|分||亿|千|百|十|万|千|百|十|元|角|分||
| | | | | | | | | | | | | | | | | | | | | | | | | | |
| | | | | | | | | | | | | | | | | | | | | | | | | | |
| | | | | | | | | | | | | | | | | | | | | | | | | | |
| | | | | | | | | | | | | | | | | | | | | | | | | | |
| | | | | | | | | | | | | | | | | | | | | | | | | | |
| 结算方式及票号： | | 合 计 | | | | | | | | | | | | | | | | | | | | | | | | |

会计主管　　　　　　记账　　　　　　复核　　　　　　制证

表 4-38

### 记账凭证

字第 号
附件 张

年 月 日

| 摘要 | 总账科目 | 明细科目 | 借方金额 | | | | | | | | | | 记账符号 | 贷方金额 | | | | | | | | | | 记账符号 |
|---|---|---|亿|千|百|十|万|千|百|十|元|角|分||亿|千|百|十|万|千|百|十|元|角|分||
| | | | | | | | | | | | | | | | | | | | | | | | | | |
| | | | | | | | | | | | | | | | | | | | | | | | | | |
| | | | | | | | | | | | | | | | | | | | | | | | | | |
| | | | | | | | | | | | | | | | | | | | | | | | | | |
| | | | | | | | | | | | | | | | | | | | | | | | | | |
| 结算方式及票号： | | 合 计 | | | | | | | | | | | | | | | | | | | | | | | | |

会计主管　　　　　　记账　　　　　　复核　　　　　　制证

**【业务8】** 委托 A 市烟丝加工厂加工烟丝一批，烟丝收回后全部用于出售。2017 年 7 月 26 日，发出烟叶 20 吨。28 日，开出转账支票二张，支付加工费和受托方代收代缴消费税。支付加工费取得增值税专用发票上注明加工费每吨 4250 元，共计 85000 元，增值税税额 14450 元。（受托方当月无同类烟丝销售价格）

**原始凭证**

1. 发料单（见表 4-39）

表 4-39　　　　　　　　　　　　　　**领料单**　　　　　　　　　　　　　No 2345213
用途：委托加工烟丝　　　　　　　　　2017 年 7 月 26 日

| 材料名称 | 规格型号 | 计量单位 | 出库数量 | 单价 | 金额 | 备注 |
|---|---|---|---|---|---|---|
| 烟丝 | | 吨 | 20 | 15000 | 300000.00 | |
| | | | | | | |
| | | | | | | |
| 合计 | | | 20 | | 300000.00 | |

部门主管：李×　　　　　　　　　发货人：李××　　　　　　　　　提货人：张××

2. 增值税专用发票（见表 4-40）购货方记账联和（见表 4-41）抵扣联

表 4-40

表 4-41

| | | | | | | | | | |
|---|---|---|---|---|---|---|---|---|---|
| | | **5201015210** | | | 增值税专用发票 | | N001002516 | | |

开票日期：2017年7月28日

| 购买方 | 名　称： | G省A市商贸公司 | | | | 密码区 | 67/*+3*0/611*++0/+0*/*+3+2/9<br>*11*+66666*066611*+66666*<br>1**+216***6000*261*2*4/*547<br>203994+-42*64151*6915361/3* | | |
|---|---|---|---|---|---|---|---|---|---|
| | 纳税人识别号： | 52010152512XXXX | | | | | | | |
| | 地址、电话： | G省A市新华路66号 81234XXXX | | | | | | | |
| | 开户行及账号： | 建设银行G省A市分行新华路支行320201234560XXXX | | | | | | | |

| 货物或应税劳务、服务名称 | 规格型号 | 单位 | 数量 | 单价 | 金额 | 税率 | 税额 |
|---|---|---|---|---|---|---|---|
| 烟丝加工 | | 吨 | 20 | 4250 | 85000.00 | 17% | 14450.00 |
| | | | | | | | |
| 合　计 | | | | | ￥85000.00 | | ￥14450.00 |

| 价税合计(大写) | 玖万玖仟肆佰伍拾元整 | (小写)　￥99450.00 |
|---|---|---|

| 销售方 | 名　称： | G省A市烟丝加工厂 | 备注 |
|---|---|---|---|
| | 纳税人识别号： | 52010152567XXXX | |
| | 地址、电话： | G省A市白云路72号 81239XXXX | |
| | 开户行及账号： | 工商银行G省A市分行白云路支行240200900020XXXX | |

| 收款人： | 复核： | 开票人： | 销售方： |
|---|---|---|---|

第二联：抵扣联　购买方抵扣凭证

国税函〔2014〕257号浙江印刷厂

## 3. 支票存根（见表 4-42、表 4-43）

表 4-42

中国建设银行
转账支票存根
IX 83065431

科　　目：
对方科目：
签发日期：2017 年 7 月 28 日

收款人： G 省 A 市烟丝加工厂
金　额：￥99450.00
用　途：加工费

单位主管　　　　　　　　会计

支付代缴消费税，请填写表 4-43 中的金额。

表 4-43

```
┌─────────────────────────────────────┐
│                                     │
│           中国建设银行                 │
│          转账支票存根                 │
│          Ⅸ 83065431                  │
│                                     │
│      科    目：                      │
│      对方科目：                      │
│      签发日期：2017 年 7 月 28 日      │
│    ┌─────────────────────────────┐  │
│    │ 收款人：G 省 A 市烟丝加工厂   │  │
│    │ 金   额：                    │  │
│    │ 用   途：支付代缴消费税       │  │
│    └─────────────────────────────┘  │
│                                     │
│    单位主管              会计         │
│                                     │
└─────────────────────────────────────┘
```

**【知识链接】**

（1）烟丝的消费税税率 30%。

（2）委托加工的应税消费品，如果受托方有同类消费品销售价格的，按照受托方同类消费品的销售价格计算纳税；如果受托方无同类消费品销售价格的，按组成计税价格计税。

$$组成计税价格 = \frac{材料成本 + 加工费}{1 - 消费税税率}$$

$$应纳消费税税额 = 组成计税价格 \times 消费税税率$$

（3）委托方收回在委托加工的应税消费品后，如果用于连续生产应税消费品，则已扣缴消费税准予按规定抵扣，委托方借记"应交税费——应交消费税"账户，贷记"银行存款"等。

委托方收回后直接用于销售的，在销售时不再缴纳消费税。委托方将受托方代收代缴的消费税计入委托加工应税消费品成本中。借记"委托加工物资"等账户，贷记"银行存款"等账户。

**编制和审核记账凭证**

附记账凭证 2 张（见表 4-44、表 4-45）

表 4-44

# 记账凭证

年　　月　　日

字第　　　　号
附件　　　　张

| 摘要 | 总账科目 | 明细科目 | 借方金额 | | | | | | | | | | 记账符号 | 贷方金额 | | | | | | | | | | 记账符号 |
|---|---|---|---|---|---|---|---|---|---|---|---|---|---|---|---|---|---|---|---|---|---|---|---|---|
| | | | 亿 | 千 | 百 | 十 | 万 | 千 | 百 | 十 | 元 | 角 | 分 | | 亿 | 千 | 百 | 十 | 万 | 千 | 百 | 十 | 元 | 角 | 分 | |
| | | | | | | | | | | | | | | | | | | | | | | | | | |
| | | | | | | | | | | | | | | | | | | | | | | | | | |
| | | | | | | | | | | | | | | | | | | | | | | | | | |
| | | | | | | | | | | | | | | | | | | | | | | | | | |
| | | | | | | | | | | | | | | | | | | | | | | | | | |
| | | | | | | | | | | | | | | | | | | | | | | | | | |
| | | | | | | | | | | | | | | | | | | | | | | | | | |
| 结算方式及票号： | | 合　计 | | | | | | | | | | | | | | | | | | | | | | | |

会计主管　　　　　　记账　　　　　　复核　　　　　　制证

表 4-45

# 记账凭证

年　　月　　日

字第　　　　号
附件　　　　张

| 摘要 | 总账科目 | 明细科目 | 借方金额 | | | | | | | | | | 记账符号 | 贷方金额 | | | | | | | | | | 记账符号 |
|---|---|---|---|---|---|---|---|---|---|---|---|---|---|---|---|---|---|---|---|---|---|---|---|---|
| | | | 亿 | 千 | 百 | 十 | 万 | 千 | 百 | 十 | 元 | 角 | 分 | | 亿 | 千 | 百 | 十 | 万 | 千 | 百 | 十 | 元 | 角 | 分 | |
| | | | | | | | | | | | | | | | | | | | | | | | | | |
| | | | | | | | | | | | | | | | | | | | | | | | | | |
| | | | | | | | | | | | | | | | | | | | | | | | | | |
| | | | | | | | | | | | | | | | | | | | | | | | | | |
| | | | | | | | | | | | | | | | | | | | | | | | | | |
| | | | | | | | | | | | | | | | | | | | | | | | | | |
| | | | | | | | | | | | | | | | | | | | | | | | | | |
| 结算方式及票号： | | 合　计 | | | | | | | | | | | | | | | | | | | | | | | |

会计主管　　　　　　记账　　　　　　复核　　　　　　制证

登记"应交税费—应交消费税"明细账（见表 4-46）。

表 4-46

## 应交税费　明细账

科目：应交消费税

| 年 | | 凭证号 | 摘要 | 借方 | | | | | | | | | 核对 | 贷方 | | | | | | | | | 核对 | 借或贷 | 余额 | | | | | | | | | 核对 |
|---|---|---|---|---|---|---|---|---|---|---|---|---|---|---|---|---|---|---|---|---|---|---|---|---|---|---|---|---|---|---|---|---|---|---|---|
| 月 | 日 | | | 百 | 十 | 万 | 千 | 百 | 十 | 元 | 角 | 分 | | 百 | 十 | 万 | 千 | 百 | 十 | 元 | 角 | 分 | | | 百 | 十 | 万 | 千 | 百 | 十 | 元 | 角 | 分 | |
| | | | | | | | | | | | | | | | | | | | | | | | | | | | | | | | | | | |
| | | | | | | | | | | | | | | | | | | | | | | | | | | | | | | | | | | |
| | | | | | | | | | | | | | | | | | | | | | | | | | | | | | | | | | | |
| | | | | | | | | | | | | | | | | | | | | | | | | | | | | | | | | | | |
| | | | | | | | | | | | | | | | | | | | | | | | | | | | | | | | | | | |
| | | | | | | | | | | | | | | | | | | | | | | | | | | | | | | | | | | |
| | | | | | | | | | | | | | | | | | | | | | | | | | | | | | | | | | | |
| | | | | | | | | | | | | | | | | | | | | | | | | | | | | | | | | | | |
| | | | | | | | | | | | | | | | | | | | | | | | | | | | | | | | | | | |
| | | | | | | | | | | | | | | | | | | | | | | | | | | | | | | | | | | |
| | | | | | | | | | | | | | | | | | | | | | | | | | | | | | | | | | | |
| | | | | | | | | | | | | | | | | | | | | | | | | | | | | | | | | | | |
| | | | | | | | | | | | | | | | | | | | | | | | | | | | | | | | | | | |
| | | | | | | | | | | | | | | | | | | | | | | | | | | | | | | | | | | |

# 实训二　消费税纳税申报

## 一、实训目标

（1）认识并能根据各经济业务填制消费税的纳税申报表及相关附表。

（2）熟悉进行消费税应纳税额的缴纳工作。

## 二、实训过程

根据实训一经济业务凭证和账簿记录资料填制消费税纳税申报表。

## 三、实训资料

（1）见实训一经济业务原始凭证和账簿记录资料。本月缴纳上月未缴消费税

191476.00 元（其中：卷烟类 120350 元；酒类 52256 元；其他 18870 元）。

（2）消费税纳税申报表：

酒类应税消费品消费税纳税申报表（见表 4-47）。

表 4-47　　　　**烟类应税消费品消费税纳税申报表**

税款所属期：　　年　　月　　日至　　　年　　月　　日

纳税人名称（公章）：

纳税人识别号：□□□□□□□□□□□□□□□□□□□□□

填表日期：　年　月　日　单位：卷烟万支、雪茄烟支、烟丝千克；金额单位：元（列至角分）

| 项目　　应税消费品名称 | 适用税率 | | 销售数量 | 销售额 | 应纳税额 |
|---|---|---|---|---|---|
| | 定额税率 | 比例税率 | | | |
| 卷烟 | 30 元/万支 | 56% | | | |
| 卷烟 | 30 元/万支 | 36% | | | |
| 雪茄烟 | —— | 36% | | | |
| 烟丝 | —— | 30% | | | |
| 合计 | —— | —— | | | |

| | |
|---|---|
| 本期准予扣除税额： | **声明**　　此纳税申报表是根据国家税收法律的规定填报的，我确定它是真实的、可靠的、完整的。<br>　　经办人（签章）：<br>　　财务负责人（签章）：<br>　　联系电话： |
| 本期减（免）税额： | |
| 期初未缴税额： | |
| 本期缴纳前期应纳税额： | （如果你已委托代理人申报，请填写）<br>　　　　**授权声明** |
| 本期预缴税额： | 　　为代理一切税务事宜，现授权＿＿＿＿＿（地址）＿＿ |
| 本期应补（退）税额： | ＿＿＿＿＿为本纳税人的代理申报人，任何与本申报表有关的往来文件，都可寄予此人。 |
| 期末未缴税额： | 　　授权人签章： |

**以下由税务机关填写**

受理人（签章）：　　　　受理日期：　　年　　月　　日　　　　受理税务机关（章）：

**【填表说明】**

一、本表仅限烟类消费税纳税人使用。

二、本表"销售数量"为《中华人民共和国消费税暂行条例》、《中华人民共和国消费税暂行条例实施细则》及其他法规、规章规定的当期应申报缴纳消费税的烟类应税消费品销售（不含出口免税）数量。

三、本表"销售额"为《中华人民共和国消费税暂行条例》、《中华人民共和国消费税暂行条例实施细则》及其他法规、规章规定的当期应申报缴纳消费税的烟类应税消费品销售（不含出口免税）收入。

四、根据《中华人民共和国消费税暂行条例》和《财政部 国家税务总局关于调整烟类产品消费税政策的通知》（财税［2001］91号）的规定，本表"应纳税额"计算公式如下：

（一）卷烟

应纳税额=销售数量×定额税率+销售额×比例税率

（二）雪茄烟、烟丝

应纳税额=销售额×比例税率

五、本表"本期准予扣除税额"按本表附件一（略）的本期准予扣除税款合计金额填写。

六、本表"本期减（免）税额"不含出口退（免）税额。

七、本表"期初未缴税额"填写本期期初累计应缴未缴的消费税额，多缴为负数。其数值等于上期"期末未缴税额"。

八、本表"本期缴纳前期应纳税额"填写本期实际缴纳入库的前期消费税额。

九、本表"本期预缴税额"填写纳税申报前已预先缴纳入库的本期消费税额。

十、本表"本期应补（退）税额"计算公式如下，多缴为负数：

本期应补（退）税额=应纳税额（合计栏金额）-本期准予扣除税额-本期减（免）税额-本期预缴税额

十一、本表"期末未缴税额"计算公式如下，多缴为负数：

期末未缴税额=期初未缴税额+本期应补（退）税额-本期缴纳前期应纳税额

十二、本表为A4竖式，所有数字小数点后保留两位。一式二份，一份纳税人留存，一份税务机关留存。

酒类应税消费品消费税纳税申报表（见表4-48）。

表 4-48            **酒及酒精消费税纳税申报表**

税款所属期:      年     月     日至     年     月     日

纳税人名称(公章):

纳税人识别号: ☐☐☐☐☐☐☐☐☐☐☐☐☐☐☐☐☐☐

填表日期:     年 月 日                         金额单位:元(列至角分)

| 项目<br>应税<br>消费品名称 | 适用税率 | | 销售数量 | 销售额 | 应纳税额 |
| --- | --- | --- | --- | --- | --- |
| | 定额税率 | 比例税率 | | | |
| 粮食白酒(定额税率) | 0.5 元/斤 | —— | | —— | |
| 粮食白酒(比例税率) | —— | 20% | | | |
| 薯类白酒(定额税率) | 0.5 元/斤 | —— | | | |
| 薯类白酒(比例税率) | —— | 20% | | | |
| 啤酒 | 250 元/吨 | —— | | | |
| 啤酒 | 220 元/吨 | —— | | | |
| 黄酒 | 240 元/吨 | —— | | | |
| 其他酒 | —— | 10% | | | |
| 酒精 | | 5% | | | |
| 合计 | —— | —— | | | |

| | |
| --- | --- |
| 本期准予抵减税额: | **声明**<br><br>    此纳税申报表是根据国家税收法律的规定填报的,我确定它是真实的、可靠的、完整的。 |
| 本期减(免)税额: |     经办人(签章): |
| 期初未缴税额: |     财务负责人(签章):<br>    联系电话: |
| 本期缴纳前期应纳税额: | (如果你已委托代理人申报,请填写)<br>                  **授权声明** |
| 本期预缴税额: |     为代理一切税务事宜,现授权_____(地址) |
| 本期应补(退)税额: | _____为本纳税人的代理申报人,任何与本申报表有关的往来文件,都可寄予此人。 |
| 期末未缴税额: |     授权人签章: |

**以下由税务机关填写**

受理人(签章):        受理日期:    年    月    日        受理税务机关(章):

**【填表说明】**

一、本表仅限酒及酒精消费税纳税人使用。

二、本表"销售数量"为《中华人民共和国消费税暂行条例》、《中华人民共和国消费税暂行条例实施细则》及其他法规、规章规定的当期应申报缴纳消费税的酒及酒精销售（不含出口免税）数量。计量单位：粮食白酒和薯类白酒为斤（如果实际销售商品按照体积标注计量单位，应按 500 毫升为 1 斤换算），啤酒、黄酒、其他酒和酒精为吨。

三、本表"销售额"为《中华人民共和国消费税暂行条例》、《中华人民共和国消费税暂行条例实施细则》及其他法规、规章规定的当期应申报缴纳消费税的酒及酒精销售（不含出口免税）收入。

四、根据《中华人民共和国消费税暂行条例》和《财政部 国家税务总局关于调整酒类产品消费税政策的通知》（财税〔2001〕84 号）的规定，本表"应纳税额"计算公式如下：

（一）粮食白酒、薯类白酒

应纳税额＝销售数量×定额税率＋销售额×比例税率

（二）啤酒、黄酒

应纳税额＝销售数量×定额税率

（二）其他酒、酒精

应纳税额＝销售额×比例税率

五、本表"本期准予抵减税额"按本表附件一（略）的本期准予抵减税款合计金额填写。

六、本表"本期减（免）税额"不含出口退（免）税额。

七、本表"期初未缴税额"填写本期期初累计应缴未缴的消费税额，多缴为负数。其数值等于上期"期末未缴税额"。

八、本表"本期缴纳前期应纳税额"填写本期实际缴纳入库的前期消费税额。

九、本表"本期预缴税额"填写纳税申报前已预先缴纳入库的本期消费税额。

十、本表"本期应补（退）税额"计算公式如下，多缴为负数：

本期应补（退）税额＝应纳税额（合计栏金额）－本期准予抵减税额－本期减（免）税额－本期预缴税额

十一、本表"期末未缴税额"计算公式如下，多缴为负数：

期末未缴税额＝期初未缴税额＋本期应补（退）税额－本期缴纳前期应纳税额

十二、本表为 A4 竖式，所有数字小数点后保留两位。一式二份，一份纳税人留存，一份税务机关留存。

其他应税消费品消费税纳税申报表（见表 4-49）。

表 4-49　　　　　　　　**其他应税消费品消费税纳税申报表**

税款所属期：　　　年　月　日至　　　年　月　日

纳税人名称（公章）：

纳税人识别号：☐☐☐☐☐☐☐☐☐☐☐☐☐☐☐☐☐☐☐☐

填表日期：　　年　月　日　　　　　　　　　　金额单位：元（列至角分）

| 项目　　　　应税消费品名称 | 适用税率 | 销售数量 | 销售额 | 应纳税额 |
|---|---|---|---|---|
| | | | | |
| | | | | |
| | | | | |
| | | | | |
| | | | | |
| 合　计 | — | — | — | |

| | |
|---|---|
| 本期准予抵减税额： | **声明**　　此纳税申报表是根据国家税收法律的规定填报的，我确定它是真实的、可靠的、完整的。 |
| 本期减（免）税额： | 经办人（签章）：　　　财务负责人（签章）：　　　电话： |
| 期初未缴税额： | |
| 本期缴纳前期应纳税额： | （如果你已委托代理人申报，则请填写）　　**授权声明**　　为代理一切税务事宜，现授权____（地址）_____为本纳税人的代理申报人，任何与本申报表有关的往来文件，都可寄予此人。　　授权人签章： |
| 本期预缴税额： | |
| 本期应补（退）税额： | |
| 期末未缴税额： | |

**以下由税务机关填写**

受理人（签章）：　　受理日期：　　　年　　月　　日　　受理税务机关（章）：

**【填表说明】**

一、本表限化妆品、贵重首饰及珠宝玉石、鞭炮焰火、汽车轮胎、摩托车、高尔夫球及球具、高档手表、游艇、木制一次性筷子、实木地板等消费税纳税人使用。

二、本表"应税消费品名称"和"适用税率"按照以下内容填写：

化妆品：30%；贵重首饰及珠宝玉石：10%；金银首饰（铂金首饰、钻石及钻石饰品）：5%；鞭炮焰火：15%；汽车轮胎（除子午线轮胎外）：3%；汽车轮胎（限子午线轮胎）：3%（免税）；摩托车（排量>250毫升）：10%；摩托车（排量≤250毫升）：3%；高尔夫球及球具：10%；高档手表：20%；游艇：10%；木制一次性筷子：5%；实木地板：5%。

三、本表"销售数量"为《中华人民共和国消费税暂行条例》、《中华人民共和国消费税暂行条例实施细则》及其他法规、规章规定的当期应申报缴纳消费税的应税消费品销售（不含出口免税）数量。计量单位是：汽车轮胎为套；摩托车为辆；高档手表为只；游艇为艘；实木地板为平方米；木制一次性筷子为万双；化妆品、贵重首饰及珠宝玉石（含金银首饰、铂金首饰、钻石及钻石饰品）、鞭炮焰火、高尔夫球及球具按照纳税人实际使用的计量单位填写并在本栏中注明。

四、本表"销售额"为《中华人民共和国消费税暂行条例》、《中华人民共和国消费税暂行条例实施细则》及其他法规、规章规定的当期应申报缴纳消费税的应税消费品销售（不含出口免税）收入。

五、根据《中华人民共和国消费税暂行条例》的规定，本表"应纳税额"计算公式如下：

$$应纳税额＝销售额×适用税率$$

六、本表"本期准予扣除税额"按本表附件一（略）的本期准予扣除税款合计金额填写。

七、本表"本期减（免）税额"不含出口退（免）税额。

八、本表"期初未缴税额"填写本期期初累计应缴未缴的消费税额，多缴为负数。其数值等于上期"期末未缴税额"。

九、本表"本期缴纳前期应纳税额"填写本期实际缴纳入库的前期消费税额。

十、本表"本期预缴税额"填写纳税申报前已预先缴纳入库的本期消费税额。

十一、本表"本期应补（退）税额"计算公式如下，多缴为负数：

$$本期应补（退）税额＝应纳税额（合计栏金额）－本期准予扣除税额－本期减（免）税额－本期预缴税额$$

十二、本表"期末未缴税额"计算公式如下，多缴为负数：

$$期末未缴税额＝期初未缴税额＋本期应补（退）税额－本期缴纳前期应纳税额$$

十三、本表为A4竖式，所有数字小数点后保留两位。一式二份，一份纳税人留存，一份税务机关留存。

# 企业所得税纳税实训

## 实训一　企业所得税税额的计算

### 一、实训目标

（1）熟练进行企业所得税纳税调整。

（2）正确计算企业所得税的应纳所得税税额。

### 二、实训过程

结合企业资料，计算企业所得税年度应纳税额，并填写企业所得税应纳税额计算表。

### 三、实训资料

贵州省 MJ 酒业股份有限公司以生产、销售酒为主要经营业务，为增值税一般纳税人，该公司企业所得税申报采用季度据实预缴申报、年度汇算清缴方式申报纳税。

企业名称：贵州省 MJ 酒业股份有限公司

开户银行：工商银行贵阳市云岩支行

账　　号：2402000309008918××××

纳税人识别号：52010152512××××

经营地址：贵州省贵阳市云岩区××路 78 号

电　　话：8812××××

贵州省 MJ 酒业股份有限公司 20××年度实现利润总额 1726776 元，全年已累计预缴所得税税额 431694 元，请根据该公司 20××年度财务报表和相关资料编制 20××年度企业所得税年度汇算工作底稿，计算公司 20××年度应缴纳的企业所得税，完成企业所得税年度汇算清缴申报工作。

20××年度利润表（见表 5-1）及相关数据资料说明如下：

表 5-1  利 润 表

会企 02 表编制

单位：贵州省 MJ 酒业股份有限公司　　　20××年 12 月　　　　　　　　单位：元

| 项　　　目 | 行次 | 本年累计 |
|---|---|---|
| 主营业务收入 | 1 | 5951000.00 |
| 减：主营业务成本 | 2 | 2095633.88 |
| 税金及附加 | 3 | 178530.00 |
| 销售费用 | 4 | 774610.00 |
| 管理费用 | 5 | 1011670.00 |
| 财务费用 | 6 | 18780.12 |
| 资产减值损失 | 7 | |
| 加：公允价值变动损益（亏损以"−"号填列） | 8 | |
| 投资收益（亏损以"−"号填列） | 9 | 10000.00 |
| 其中：对联营企业和合营企业的投资收益 | 10 | |
| 二、营业利润（亏损以"−"号填列） | 11 | 1881776.00 |
| 加：营业外收入 | 12 | 100000.00 |
| 减：营业外支出 | 13 | 255000.00 |
| 三、利润总额（亏损以"−"号填列） | 14 | 1726776.00 |
| 减：所得税费用 | 15 | 431694.00 |
| 四、净利润（净亏损以"−"号填列） | 16 | 1295082.00 |

相关数据资料：

（1）销售酒类产品收入 5852160 元，销售材料的其他业务收入为 98840 元，当年取得的国债利息收入 10000 元，固定资产处置净收益 100000 元。

（2）酒类产品销售成本为 2446561.88 元，销售材料的其他业务成本为 79072 元。

（3）全年实际发放工资薪金 897510 元，全年实际发生福利费 125650 元；全年发生工会经费 17950.20 元，并拨缴上级工会，取得财政监制的工会收款收据。全年实际发生职工教育经费 22000 元。

（4）销售费用中，本年度符合条件的广告业务宣传费为 319600 元，以前年度结转到本年度的广告费为 18000 元。

（5）管理费用中业务招待费为 65466 元；技术开发费用 60000 元为本年度开发新产品而发生的费用，尚未形成无形资产，会计上计入当期损益（符合加计扣除条件）。

（6）营业外支出 205000 元，其中违反借款合同规定支付银行罚款 5000 元。通过中国红十字会向灾区捐赠 250000 元。

根据以上资料填写表 5-2。

表 5-2　　　　　　　　　　企业所得税年度应纳税额计算表

| 序号 | 项　目 | 金　额 |
|---|---|---|
| 1 | 利润总额 | |
| 2 | 纳税调整增加项目： | |
| 3 | | |
| 4 | | |
| 5 | | |
| 6 | | |
| 7 | | |
| 8 | 纳税调整增加额合计 | |
| 9 | 纳税调整减少项目： | |
| 10 | | |
| 11 | | |
| 12 | | |
| 13 | | |
| 14 | | |
| 15 | 纳税调整减少额合计 | |
| 16 | 应纳税所得额 | |
| 17 | 适用税率 | |
| 18 | 应交所得税 | |
| 19 | 预缴所得税 | |
| 20 | 应补（退）所得税 | |

**【知识链接】**

在计算应纳税所得额时，通常企业实际发生的与取得收入有关的、合理的支出都可按照实际发生额或规定的标准扣除：

1. 工资、薪金支出

企业发生的合理的工资、薪金支出准予据实扣除。

2. 职工福利费、工会经费、职工教育经费

企业发生的职工福利费、工会经费、职工教育经费按标准扣除，未超过标准的按实际数扣除，超过标准的只能按标准扣除。

（1）企业发生的职工福利费支出，不超过工资薪金总额 14%的部分准予扣除。

（2）企业拨缴的工会经费，根据《工会经费拨缴款专用收据》在不超过工资薪金总额 2%的部分准予扣除。自 2010 年 7 月 1 日起，企业拨缴的职工工会经费，不超过工资薪金总额 2%的部分，凭工会组织开具的《工会经费收入专用收据》在企业所得税税前扣除。

自 2010 年 1 月 1 日起，在委托税务机关代收工会经费的地区，企业拨缴的工会经费，也可凭合法、有效的工会经费代收凭据依法在税前扣除。

（3）除国务院财政、税务主管部门另有规定外，企业发生的职工教育经费支出，不超过工资薪金总额 2.5%的部分准予扣除，超过部分准予结转以后纳税年度扣除。

3. 社会保险费

（1）企业依照国务院有关主管部门或者省级人民政府规定的范围和标准为职工缴纳的"五险一金"，即基本养老保险费、基本医疗保险费、失业保险费、工伤保险费、生育保险费等基本社会保险费和住房公积金，准予扣除。

（2）企业为投资者或者职工支付的补充养老保险费、补充医疗保险费，符合国务院财政、税务主管部门规定的，准予扣除。

4. 借款费用

企业在生产经营活动中发生的合理的不需要资本化的借款费用，准予扣除。

5. 利息费用

企业在生产、经营活动中发生的利息费用，按下列规定扣除：

（1）非金融企业向金融企业借款的利息支出、金融企业的各项利息支出可据实扣除。

（2）非金融企业向非金融企业借款的利息支出，不超过按照金融企业同期同类贷款利率计算的数额的部分可据实扣除，超过部分不许扣除。

6. 汇兑损失

企业在货币交易中，以及纳税年度终了时将人民币以外的货币性资产、负债按

照期末即期人民币汇率中间价折算为人民币时产生的汇兑损失，除已经计入有关资产成本以及与向所有者进行利润分配相关的部分外，准予扣除。

7. 公益性捐赠

指企业通过公益性社会团体、公益性群众团体或者县级（含县级）以上人民政府及其部门，用于《中华人民共和国公益事业捐赠法》规定的公益事业的捐赠。企业发生的公益性捐赠支出，不超过年度利润总额12%的部分，准予扣除。

8. 业务招待费

企业发生的与生产经营活动有关的业务招待费支出，按照发生额的60%扣除，但最高不得超过当年销售（营业）收入的5‰。

业务招待费扣除限额＝MIN（销售（营业）收入×5‰；实际发生额×60%）

销售（营业）收入＝主营业务收入＋其他业务收入＋税法的视同销售收入

9. 广告费和业务宣传费

企业发生的符合条件的广告费和业务宣传费支出，除国务院财政、税务主管部门另有规定外，不超过当年销售（营业）收入15%的部分，准予扣除；超过部分，准予结转以后纳税年度扣除。

10. 环境保护专项资金

企业依照法律、行政法规有关规定提取的用于环境保护、生态恢复等方面的专项资金，准予扣除。上述专项资金提取后改变用途的，不得扣除。

11. 保险费

企业参加财产保险，按照规定缴纳的保险费，准予扣除。

12. 租赁费

企业以经营租赁方式租入固定资产发生的租赁费支出，按照租赁期限均匀扣除。

13. 劳动保护费

企业发生的合理的劳动保护支出，准予扣除。

14. 有关资产的费用

企业转让各类固定资产发生的费用，允许扣除。企业按规定计算的固定资产折旧费、无形资产和递延资产的摊销费，准予扣除。

15. 总机构分摊的费用

非居民企业在中国境内设立的机构、场所，就其中国境外总机构发生的与该机构、场所生产经营有关的费用，能够提供总机构出具的费用汇集范围、定额、分配依据和方法等证明文件，并合理分摊的，准予扣除。

16. 资产损失

企业发生的资产损失，应按规定的程序和要求向主管税务机关申报后方能在税前扣除。未经申报的损失，不得在税前扣除。

17. 手续费及佣金支出

18. 依照有关法律、行政法规和国家有关税法规定准予扣除的其他项目。

如会员费、合理的会议费、差旅费、违约金、诉讼费用等。

19. 根据《财政部国家税务总局关于完善研究开发费用税前加计扣除政策的通知》（财税〔2015〕119 号），本通知所称研发活动，是指企业为获得科学与技术新知识，创造性运用科学技术新知识，或实质性改进技术、产品（服务）、工艺而持续进行的具有明确目标的系统性活动。企业开展研发活动中实际发生的研发费用，未形成无形资产计入当期损益的，在按规定据实扣除的基础上，按照本年度实际发生额的 50%，从本年度应纳税所得额中扣除；形成无形资产的，按照无形资产成本的 150% 在税前摊销。

因此企业从事研发活动不管是否形成研究成果，研发费用均可以享受加计扣除优惠政策。

# 实训二　　企业所得税纳税申报

## 一、实训目标

（1）能熟练填写企业所得税季度预缴纳税申报表。

（2）能完成企业所得税年度纳税申报表的填列及申报，办理企业所得税年度汇算清缴。

## 二、实训过程

（1）结合企业资料，完成企业所得税季度预缴纳税申报表（A 类）的填列及申报。

（2）结合实训一企业资料，完成企业所得税年度纳税申报表主表及各附表的填列及申报。

## 三、实训资料

1. 企业所得税季度预缴纳税申报实训

20××年 1—3 月，贵州省 MJ 酒业股份有限公司取得营业收入 1586600 元，营业成本 711200 元，利润总额为 191000 元。无特定业务发生，不存在以前年度未弥补亏损额。根据资料，进行企业所得税季度预缴纳税申报表（见表 5-3）的填列。

表 5-3　　中华人民共和国企业所得税月（季）度预缴纳税申报表（A 类）

税款所属期间：　　年　月　日至　　年　月　日

纳税人识别号：□□□□□□□□□□□□□□□

纳税人名称：　　　　　　　　　　　　　金额单位：人民币元（列至角分）

| 行次 | 项　　目 | 本期金额 | 累计金额 |
|---|---|---|---|
| 1 | **一、按照实际利润额预缴** | | |
| 2 | 营业收入 | | |
| 3 | 营业成本 | | |
| 4 | 利润总额 | | |
| 5 | 加：特定业务计算的应纳税所得额 | | |
| 6 | 减：不征税收入和税基减免应纳税所得额（请填附表 1（略）） | | |
| 7 | 　　固定资产加速折旧（扣除）调减额（请填附表 2（略）） | | |
| 8 | 　　弥补以前年度亏损 | | |
| 9 | 实际利润额（4+5-6-7-8） | | |
| 10 | 税率（25%） | | |
| 11 | 应纳所得税额（9×10） | | |
| 12 | 减：减免所得税额（请填附表 3（略）） | | |
| 13 | 　　实际已预缴所得税额 | —— | |
| 14 | 　　特定业务预缴（征）所得税额 | | |
| 15 | 应补（退）所得税额（11-12-13-14） | | |
| 16 | 减：以前年度多缴在本期抵缴所得税额 | | |
| 17 | 本月（季）实际应补（退）所得税额 | —— | |
| 18 | **二、按照上一纳税年度应纳税所得额平均额预缴** | | |
| 19 | 上一纳税年度应纳税所得额 | | |
| 20 | 本月（季）应纳税所得额（19×1/4 或 1/12） | | |
| 21 | 税率（25%） | | |
| 22 | 本月（季）应纳所得税额（20×21） | | |
| 23 | 减：减免所得税额（请填附表 3） | | |
| 24 | 本月（季）实际应纳所得税额（22-23） | | |
| 25 | **三、按照税务机关确定的其他方法预缴** | | |
| 26 | 本月（季）税务机关确定的预缴所得税额 | | |

续表

| 行次 | | 项　目 | 本期金额 | 累计金额 |
|---|---|---|---|---|
| 27 | | 总分机构纳税人 | | |
| 28 | 总机构 | 总机构分摊所得税额（15或24或26×总机构分摊预缴比例） | | |
| 29 | | 财政集中分配所得税额 | | |
| 30 | | 分支机构分摊所得税额（15或24或26×分支机构分摊比例） | | |
| 31 | | 其中：总机构独立生产经营部门应分摊所得税额 | | |
| 32 | 分支机构 | 分配比例 | | |
| 33 | | 分配所得税额 | | |

| 是否属于小型微利企业： | 是 □ | 否 □ |
|---|---|---|

谨声明：此纳税申报表是根据《中华人民共和国企业所得税法》、《中华人民共和国企业所得税法实施条例》和国家有关税收规定填报的，是真实的、可靠的、完整的。

法定代表人（签字）：　　　　　　　　　　　年　月　日

| 纳税人公章：<br>会计主管：<br><br><br>填表日期：　年　月　日 | 代理申报中介机构公章：<br>经办人：<br>经办人执业证件号码：<br>代理申报日期：　年　月　日 | 主管税务机关受理专用章：<br>受理人：<br><br>受理日期：　年　月　日 |
|---|---|---|

2. 企业所得税年度汇算清缴申报实训

根据实训一中的资料，进行企业所得税年度纳税申报表主表及附表的填报（见表5-4至表5-17）。

表5-4　　　　　　　**中华人民共和国企业所得税年度纳税申报表**

（A类）

税款所属期间：　　　年　月　日至　　　年　月　日

纳税人识别号：□□□□□□□□□□□□□□□□□□

纳税人名称：

金额单位：人民币元（列至角分）

谨声明：此纳税申报表是根据《中华人民共和国企业所得税法》、《中华人民共和国企业所得税法实施条例》、有关税收政策以及国家统一会计制度的规定填报的，是真实的、可靠的、完整的。

法定代表人（签章）：　　　　　　　　　　　年　月　日

续表

| 纳税人公章： | 代理申报中介机构公章： | 主管税务机关受理专用章： |
|---|---|---|
| 会计主管： | 经办人：<br>经办人执业证件号码： | 受理人： |
| 填表日期：　　年　月　日 | 代理申报日期：　　年　月　日 | 受理日期：　　年　月　日 |

国家税务总局监制

表 5-5　　　　　　　　　　　**企业所得税年度纳税申报表填报表单**

| 表单编号 | 表 单 名 称 | 选择填报情况 | |
|---|---|---|---|
| | | 填　报 | 不填报 |
| A000000 | 企业基础信息表 | ✓ | × |
| A100000 | 中华人民共和国企业所得税年度纳税申报表（A类） | ✓ | × |
| A101010 | 一般企业收入明细表 | ☐ | ☐ |
| A101020 | 金融企业收入明细表 | ☐ | ☐ |
| A102010 | 一般企业成本支出明细表 | ☐ | ☐ |
| A102020 | 金融企业支出明细表 | ☐ | ☐ |
| A103000 | 事业单位、民间非营利组织收入、支出明细表 | ☐ | ☐ |
| A104000 | 期间费用明细表 | ☐ | ☐ |
| A105000 | 纳税调整项目明细表 | ☐ | ☐ |
| A105010 | 视同销售和房地产开发企业特定业务纳税调整明细表 | ☐ | ☐ |
| A105020 | 未按权责发生制确认收入纳税调整明细表 | ☐ | ☐ |
| A105030 | 投资收益纳税调整明细表 | ☐ | ☐ |
| A105040 | 专项用途财政性资金纳税调整明细表 | ☐ | ☐ |
| A105050 | 职工薪酬纳税调整明细表 | ☐ | ☐ |
| A105060 | 广告费和业务宣传费跨年度纳税调整明细表 | ☐ | ☐ |
| A105070 | 捐赠支出纳税调整明细表 | ☐ | ☐ |
| A105080 | 资产折旧、摊销情况及纳税调整明细表 | ☐ | ☐ |
| A105081 | 固定资产加速折旧、扣除明细表 | ☐ | ☐ |
| A105090 | 资产损失税前扣除及纳税调整明细表 | ☐ | ☐ |
| A105091 | 资产损失（专项申报）税前扣除及纳税调整明细表 | ☐ | ☐ |
| A105100 | 企业重组纳税调整明细表 | ☐ | ☐ |
| A105110 | 政策性搬迁纳税调整明细表 | ☐ | ☐ |

续表

| 表单编号 | 表单名称 | 选择填报情况 | |
|---|---|---|---|
| | | 填报 | 不填报 |
| A105120 | 特殊行业准备金纳税调整明细表 | ☐ | ☐ |
| A106000 | 企业所得税弥补亏损明细表 | ☐ | ☐ |
| A107010 | 免税、减计收入及加计扣除优惠明细表 | ☐ | ☐ |
| A107011 | 符合条件的居民企业之间的股息、红利等权益性投资收益优惠明细表 | ☐ | ☐ |
| A107012 | 综合利用资源生产产品取得的收入优惠明细表 | ☐ | ☐ |
| A107013 | 金融、保险等机构取得的涉农利息、保费收入优惠明细表 | ☐ | ☐ |
| A107014 | 研发费用加计扣除优惠明细表 | ☐ | ☐ |
| A107020 | 所得减免优惠明细表 | ☐ | ☐ |
| A107030 | 抵扣应纳税所得额明细表 | ☐ | ☐ |
| A107040 | 减免所得税优惠明细表 | ☐ | ☐ |
| A107041 | 高新技术企业优惠情况及明细表 | ☐ | ☐ |
| A107042 | 软件、集成电路企业优惠情况及明细表 | ☐ | ☐ |
| A107050 | 税额抵免优惠明细表 | ☐ | ☐ |
| A108000 | 境外所得税收抵免明细表 | ☐ | ☐ |
| A108010 | 境外所得纳税调整后所得明细表 | ☐ | ☐ |
| A108020 | 境外分支机构弥补亏损明细表 | ☐ | ☐ |
| A108030 | 跨年度结转抵免境外所得税明细表 | ☐ | ☐ |
| A109000 | 跨地区经营汇总纳税企业年度分摊企业所得税明细表 | ☐ | ☐ |
| A109010 | 企业所得税汇总纳税分支机构所得税分配表 | ☐ | ☐ |

说明：企业应当根据实际情况选择需要填表的表单。

表 5-6　　　　　　　　　　　　　**企业基础信息表**

| 正常申报☐ | 更正申报☐ | 补充申报☐ |
|---|---|---|
| 100 基本信息 | | |
| 101 汇总纳税企业 | 是（总机构☐　　按比例缴纳总机构☐ ） | 否☐ |
| 102 注册资本（万元） | 106 境外中资控股居民企业 | 是☐　　　　否☐ |
| 103 所属行业明细代码 | 107 从事国家限制或禁止行业 | 是☐　　　　否☐ |
| 104 从业人数 | 108 存在境外关联交易 | 是☐　　　　否☐ |
| 105 资产总额（万元） | 109 上市公司 | 是（境内☐境外☐）<br>否☐ |

续表

| 200 主要会计政策和估计 | | | |
|---|---|---|---|
| 201 适用的会计准则或会计制度 | 企业会计准则（一般企业□ 银行□ 证券□ 保险□ 担保□）<br>小企业会计准则□<br>企业会计制度□<br>事业单位会计准则（事业单位会计制度□ 科学事业单位会计制度□ 医院会计制度□ 高等学校会计制度□ 中小学校会计制度□ 彩票机构会计制度□）<br>民间非营利组织会计制度□<br>村集体经济组织会计制度□<br>农民专业合作社财务会计制度（试行）□<br>其他□ | | |
| 202 会计档案的存放地 | | 203 会计核算软件 | |
| 204 记账本位币 | 人民币□<br>其他□ | 205 会计政策和估计是否发生变化 | 是□ 否□ |
| 206 固定资产折旧方法 | 年限平均法□ 工作量法□ 双倍余额递减法□ 年数总和法□ 其他□ | | |
| 207 存货成本计价方法 | 先进先出法□ 移动加权平均法□ 月末一次加权平均法□ 个别计价法□ 毛利率法□ 零售价法□ 计划成本法□ 其他□ | | |
| 208 坏账损失核算方法 | 备抵法□ 直接核销法□ | | |
| 209 所得税计算方法 | 应付税款法□ 资产负债表债务法□ 其他□ | | |
| 300 企业主要股东及对外投资情况 | | | |

301 企业主要股东（前 5 位）

| 股东名称 | 证件种类 | 证件号码 | 经济性质 | 投资比例 | 国籍（注册地址） |
|---|---|---|---|---|---|
| | | | | | |
| | | | | | |
| | | | | | |
| | | | | | |
| | | | | | |
| | | | | | |
| | | | | | |

续表

| 302 对外投资（前5位） | | | | | |
|---|---|---|---|---|---|
| 被投资者名称 | 纳税人识别号 | 经济性质 | 投资比例 | 投资金额 | 注册地址 |
| | | | | | |
| | | | | | |
| | | | | | |
| | | | | | |
| | | | | | |

表 5-7　　　　　　　　中华人民共和国企业所得税年度纳税申报表（A 类）

| 行次 | 类别 | 项　　目 | 金额 |
|---|---|---|---|
| 1 | | 一、营业收入（填写 A101010\101020\103000） | |
| 2 | | 　减：营业成本（填写 A102010\102020\103000） | |
| 3 | | 　　营业税金及附加 | |
| 4 | | 　　销售费用（填写 A104000） | |
| 5 | | 　　管理费用（填写 A104000） | |
| 6 | 利润总额计算 | 　　财务费用（填写 A104000） | |
| 7 | | 　　资产减值损失 | |
| 8 | | 　加：公允价值变动收益 | |
| 9 | | 　　投资收益 | |
| 10 | | 二、营业利润（1-2-3-4-5-6-7+8+9） | |
| 11 | | 　加：营业外收入（填写 A101010\101020\103000） | |
| 12 | | 　减：营业外支出（填写 A102010\102020\103000） | |
| 13 | | 三、利润总额（10+11-12） | |

续表

| 行次 | 类别 | 项　目 | 金额 |
|---|---|---|---|
| 14 | 应纳税所得额计算 | 减：境外所得（填写 A108010） | |
| 15 | | 加：纳税调整增加额（填写 A105000） | |
| 16 | | 减：纳税调整减少额（填写 A105000） | |
| 17 | | 减：免税、减计收入及加计扣除（填写 A107010） | |
| 18 | | 加：境外应税所得抵减境内亏损（填写 A108000） | |
| 19 | | 四、纳税调整后所得（13-14+15-16-17+18） | |
| 20 | | 减：所得减免（填写 A107020） | |
| 21 | | 减：抵扣应纳税所得额（填写 A107030） | |
| 22 | | 减：弥补以前年度亏损（填写 A106000） | |
| 23 | | 五、应纳税所得额（19-20-21-22） | |
| 24 | 应纳税额计算 | 税率（25%） | |
| 25 | | 六、应纳所得税额（23×24） | |
| 26 | | 减：减免所得税额（填写 A107040） | |
| 27 | | 减：抵免所得税额（填写 A107050） | |
| 28 | | 七、应纳税额（25-26-27） | |
| 29 | | 加：境外所得应纳所得税额（填写 A108000） | |
| 30 | | 减：境外所得抵免所得税额（填写 A108000） | |
| 31 | | 八、实际应纳所得税额（28+29-30） | |
| 32 | | 减：本年累计实际已预缴的所得税额 | |
| 33 | | 九、本年应补（退）所得税额（31-32） | |
| 34 | | 其中：总机构分摊本年应补（退）所得税额（填写 A109000） | |
| 35 | | 财政集中分配本年应补（退）所得税额（填写 A109000） | |
| 36 | | 总机构主体生产经营部门分摊本年应补（退）所得税额（填写 A109000） | |
| 37 | 附列资料 | 以前年度多缴的所得税额在本年抵减额 | |
| 38 | | 以前年度应缴未缴在本年入库所得税额 | |

表 5-8　　　　　　　　　　　　　　一般企业收入明细表

| 行次 | 项　目 | 金额 |
|------|--------|------|
| 1 | 一、营业收入（2+9） | |
| 2 | （一）主营业务收入（3+5+6+7+8） | |
| 3 | 　　1. 销售商品收入 | |
| 4 | 　　其中：非货币性资产交换收入 | |
| 5 | 　　2. 提供劳务收入 | |
| 6 | 　　3. 建造合同收入 | |
| 7 | 　　4. 让渡资产使用权收入 | |
| 8 | 　　5. 其他 | |
| 9 | （二）其他业务收入（10+12+13+14+15） | |
| 10 | 　　1. 销售材料收入 | |
| 11 | 　　其中：非货币性资产交换收入 | |
| 12 | 　　2. 出租固定资产收入 | |
| 13 | 　　3. 出租无形资产收入 | |
| 14 | 　　4. 出租包装物和商品收入 | |
| 15 | 　　5. 其他 | |
| 16 | 二、营业外收入（17+18+19+20+21+22+23+24+25+26） | |
| 17 | （一）非流动资产处置利得 | |
| 18 | （二）非货币性资产交换利得 | |
| 19 | （三）债务重组利得 | |
| 20 | （四）政府补助利得 | |
| 21 | （五）盘盈利得 | |
| 22 | （六）捐赠利得 | |
| 23 | （七）罚没利得 | |
| 24 | （八）确实无法偿付的应付款项 | |
| 25 | （九）汇兑收益 | |
| 26 | （十）其他 | |

表 5-9　　　　　　　　　　　一般企业成本支出明细表

| 行次 | 项　　　目 | 金额 |
|---|---|---|
| 1 | 一、营业成本（2+9） | |
| 2 | （一）主营业务成本（3+5+6+7+8） | |
| 3 | 　1. 销售商品成本 | |
| 4 | 　　其中：非货币性资产交换成本 | |
| 5 | 　2. 提供劳务成本 | |
| 6 | 　3. 建造合同成本 | |
| 7 | 　4. 让渡资产使用权成本 | |
| 8 | 　5. 其他 | |
| 9 | （二）其他业务成本（10+12+13+14+15） | |
| 10 | 　1. 材料销售成本 | |
| 11 | 　　其中：非货币性资产交换成本 | |
| 12 | 　2. 出租固定资产成本 | |
| 13 | 　3. 出租无形资产成本 | |
| 14 | 　4. 包装物出租成本 | |
| 15 | 　5. 其他 | |
| 16 | 二、营业外支出（17+18+19+20+21+22+23+24+25+26） | |
| 17 | （一）非流动资产处置损失 | |
| 18 | （二）非货币性资产交换损失 | |
| 19 | （三）债务重组损失 | |
| 20 | （四）非常损失 | |
| 21 | （五）捐赠支出 | |
| 22 | （六）赞助支出 | |
| 23 | （七）罚没支出 | |
| 24 | （八）坏账损失 | |
| 25 | （九）无法收回的债券股权投资损失 | |
| 26 | （十）其他 | |

表 5-10 期间费用明细表

| 行次 | 项　　目 | 销售费用 | 其中：境外支付 | 管理费用 | 其中：境外支付 | 财务费用 | 其中：境外支付 |
|---|---|---|---|---|---|---|---|
| | | 1 | 2 | 3 | 4 | 5 | 6 |
| 1 | 一、职工薪酬 | | * | | * | * | * |
| 2 | 二、劳务费 | | | | | * | * |
| 3 | 三、咨询顾问费 | | | | | * | * |
| 4 | 四、业务招待费 | | * | | * | * | * |
| 5 | 五、广告费和业务宣传费 | | * | | * | * | * |
| 6 | 六、佣金和手续费 | | | | | | |
| 7 | 七、资产折旧摊销费 | | * | | * | * | * |
| 8 | 八、财产损耗、盘亏及毁损损失 | | * | | * | * | * |
| 9 | 九、办公费 | | * | | * | * | * |
| 10 | 十、董事会费 | | * | | * | * | * |
| 11 | 十一、租赁费 | | | | | * | * |
| 12 | 十二、诉讼费 | | * | | * | * | * |
| 13 | 十三、差旅费 | | * | | * | * | * |
| 14 | 十四、保险费 | | * | | * | * | * |
| 15 | 十五、运输、仓储费 | | | | | * | * |
| 16 | 十六、修理费 | | | | | * | * |
| 17 | 十七、包装费 | | * | | * | * | * |
| 18 | 十八、技术转让费 | | | | | * | * |
| 19 | 十九、研究费用 | | | | | * | * |
| 20 | 二十、各项税费 | | * | | * | * | * |
| 21 | 二十一、利息收支 | * | * | * | * | | |
| 22 | 二十二、汇兑差额 | * | * | * | * | | |
| 23 | 二十三、现金折扣 | * | * | * | * | | * |
| 24 | 二十四、其他 | | | | | | |
| 25 | 合计（1+2+3+…+24） | | | | | | |

表 5-11　　　　　　　　　　　　　　纳税调整项目明细表

| 行次 | 项　　目 | 账载金额 | 税收金额 | 调增金额 | 调减金额 |
|---|---|---|---|---|---|
| | | 1 | 2 | 3 | 4 |
| 1 | 一、收入类调整项目（2+3+4+5+6+7+8+10+11） | * | * | | |
| 2 | （一）视同销售收入（填写 A105010） | * | | | * |
| 3 | （二）未按权责发生制原则确认的收入（填写 A105020） | | | | |
| 4 | （三）投资收益（填写 A105030） | | | | |
| 5 | （四）按权益法核算长期股权投资对初始投资成本调整确认收益 | * | * | * | |
| 6 | （五）交易性金融资产初始投资调整 | * | * | | * |
| 7 | （六）公允价值变动净损益 | | * | | |
| 8 | （七）不征税收入 | * | * | | |
| 9 | 　其中：专项用途财政性资金（填写 A105040） | * | * | | |
| 10 | （八）销售折扣、折让和退回 | | | | |
| 11 | （九）其他 | | | | |
| 12 | 二、扣除类调整项目（13+14+15+16+17+18+19+20+21+22+23+24+26+27+28+29） | * | * | | |
| 13 | （一）视同销售成本（填写 A105010） | * | | * | |
| 14 | （二）职工薪酬（填写 A105050） | | | | |
| 15 | （三）业务招待费支出 | | | | * |
| 16 | （四）广告费和业务宣传费支出（填写 A105060） | * | * | | |
| 17 | （五）捐赠支出（填写 A105070） | | | | * |
| 18 | （六）利息支出 | | | | |
| 19 | （七）罚金、罚款和被没收财物的损失 | | * | | * |
| 20 | （八）税收滞纳金、加收利息 | | * | | * |
| 21 | （九）赞助支出 | | * | | |
| 22 | （十）与未实现融资收益相关在当期确认的财务费用 | | | | |
| 23 | （十一）佣金和手续费支出 | | | | |
| 24 | （十二）不征税收入用于支出所形成的费用 | * | * | | * |
| 25 | 　其中：专项用途财政性资金用于支出所形成的费用（填写 A105040） | * | * | | * |

续表

| 行次 | 项目 | 账载金额 | 税收金额 | 调增金额 | 调减金额 |
|---|---|---|---|---|---|
| | | 1 | 2 | 3 | 4 |
| 26 | （十三）跨期扣除项目 | | | | |
| 27 | （十四）与取得收入无关的支出 | | * | | * |
| 28 | （十五）境外所得分摊的共同支出 | * | * | | * |
| 29 | （十六）其他 | | | | |
| 30 | 三、资产类调整项目（31+32+33+34） | * | * | | |
| 31 | （一）资产折旧、摊销（填写A105080） | | | | |
| 32 | （二）资产减值准备金 | | * | | |
| 33 | （三）资产损失（填写A105090） | | | | |
| 34 | （四）其他 | | | | |
| 35 | 四、特殊事项调整项目（36+37+38+39+40） | * | * | | |
| 36 | （一）企业重组（填写A105100） | | | | |
| 37 | （二）政策性搬迁（填写A105110） | * | * | | |
| 38 | （三）特殊行业准备金（填写A105120） | | | | |
| 39 | （四）房地产开发企业特定业务计算的纳税调整额（填写A105010） | * | | | |
| 40 | （五）其他 | * | * | | |
| 41 | 五、特别纳税调整应税所得 | * | * | | |
| 42 | 六、其他 | * | * | | |
| 43 | 合计（1+12+30+35+41+42） | * | * | | |

表5-12　　视同销售和房地产开发企业特定业务纳税调整明细表

| 行次 | 项目 | 税收金额 | 纳税调整金额 |
|---|---|---|---|
| | | 1 | 2 |
| 1 | 一、视同销售（营业）收入（2+3+4+5+6+7+8+9+10） | | |
| 2 | （一）非货币性资产交换视同销售收入 | | |
| 3 | （二）用于市场推广或销售视同销售收入 | | |

续表

| 行次 | 项　目 | 税收金额 | 纳税调整金额 |
|---|---|---|---|
| | | 1 | 2 |
| 4 | （三）用于交际应酬视同销售收入 | | |
| 5 | （四）用于职工奖励或福利视同销售收入 | | |
| 6 | （五）用于股息分配视同销售收入 | | |
| 7 | （六）用于对外捐赠视同销售收入 | | |
| 8 | （七）用于对外投资项目视同销售收入 | | |
| 9 | （八）提供劳务视同销售收入 | | |
| 10 | （九）其他 | | |
| 11 | 二、视同销售（营业）成本（12+13+14+15+16+17+18+19+20） | | |
| 12 | （一）非货币性资产交换视同销售成本 | | |
| 13 | （二）用于市场推广或销售视同销售成本 | | |
| 14 | （三）用于交际应酬视同销售成本 | | |
| 15 | （四）用于职工奖励或福利视同销售成本 | | |
| 16 | （五）用于股息分配视同销售成本 | | |
| 17 | （六）用于对外捐赠视同销售成本 | | |
| 18 | （七）用于对外投资项目视同销售成本 | | |
| 19 | （八）提供劳务视同销售成本 | | |
| 20 | （九）其他 | | |
| 21 | 三、房地产开发企业特定业务计算的纳税调整额（22-26） | | |
| 22 | （一）房地产企业销售未完工开发产品特定业务计算的纳税调整额（24-25） | | |
| 23 | 1. 销售未完工产品的收入 | | * |
| 24 | 2. 销售未完工产品预计毛利额 | | |
| 25 | 3. 实际发生的营业税金及附加、土地增值税 | | |

| 行次 | 项 目 | 税收金额 | 纳税调整金额 |
|---|---|---|---|
| | | 1 | 2 |
| 26 | （二）房地产企业销售的未完工产品转完工产品特定业务计算的纳税调整额（28-29） | | |
| 27 | 1. 销售未完工产品转完工产品确认的销售收入 | | * |
| 28 | 2. 转回的销售未完工产品预计毛利额 | | |
| 29 | 3. 转回实际发生的营业税金及附加、土地增值税 | | |

表 5-13　　　　　　　　**职工薪酬纳税调整明细表**

| 行次 | 项 目 | 账载金额 | 税收规定扣除率 | 以前年度累计结转扣除额 | 税收金额 | 纳税调整金额 | 累计结转以后年度扣除额 |
|---|---|---|---|---|---|---|---|
| | | 1 | 2 | 3 | 4 | 5(1-4) | 6(1+3-4) |
| 1 | 一、工资薪金支出 | | * | * | | | * |
| 2 | 其中：股权激励 | | | | | | * |
| 3 | 二、职工福利费支出 | | | | | | * |
| 4 | 三、职工教育经费支出 | | * | | | | |
| 5 | 其中：按税收规定比例扣除的职工教育经费 | | | | | | |
| 6 | 按税收规定全额扣除的职工培训费用 | | | * | | | * |
| 7 | 四、工会经费支出 | | | * | | | * |
| 8 | 五、各类基本社会保障性缴款 | | * | * | | | * |
| 9 | 六、住房公积金 | | * | * | | | * |
| 10 | 七、补充养老保险 | | * | * | | | * |
| 11 | 八、补充医疗保险 | | * | * | | | * |
| 12 | 九、其他 | | * | | | | |
| 13 | 合计(1+3+4+7+8+9+10+11+12) | | * | | | | |

表 5-14 　　　　　　　广告费和业务宣传费跨年度纳税调整明细表

| 行次 | 项　　目 | 金额 |
|---|---|---|
| 1 | 一、本年广告费和业务宣传费支出 | |
| 2 | 减：不允许扣除的广告费和业务宣传费支出 | |
| 3 | 二、本年符合条件的广告费和业务宣传费支出（1-2） | |
| 4 | 三、本年计算广告费和业务宣传费扣除限额的销售（营业）收入 | |
| 5 | 税收规定扣除率 | |
| 6 | 四、本企业计算的广告费和业务宣传费扣除限额（4×5） | |
| 7 | 五、本年结转以后年度扣除额（3>6，本行＝3-6；3≤6，本行＝0） | |
| 8 | 加：以前年度累计结转扣除额 | |
| 9 | 减：本年扣除的以前年度结转额［3>6，本行＝0；3≤6，本行＝8 或（6-3）孰小值］ | |
| 10 | 六、按照分摊协议归集至其他关联方的广告费和业务宣传费（10≤3 或 6 孰小值） | |
| 11 | 按照分摊协议从其他关联方归集至本企业的广告费和业务宣传费 | |
| 12 | 七、本年广告费和业务宣传费支出纳税调整金额（3>6，本行＝2+3-6+10-11；3≤6，本行＝2+10-11-9） | |
| 13 | 八、累计结转以后年度扣除额（7+8-9） | |

表 5-15 　　　　　　　　　捐赠支出纳税调整明细表

| 行次 | 受赠单位名称 | 公益性捐赠 | | | | 非公益性捐赠 | 纳税调整金额 |
|---|---|---|---|---|---|---|---|
| | | 账载金额 | 按税收规定计算的扣除限额 | 税收金额 | 纳税调整金额 | 账载金额 | |
| | 1 | 2 | 3 | 4 | 5（2-4） | 6 | 7（5+6） |
| 1 | | | * | * | * | | * |
| 2 | | | * | * | * | | * |
| 3 | | | * | * | * | | * |
| 4 | | | * | * | * | | * |

续表

| 行次 | 受赠单位名称 | 公益性捐赠 | | | | 非公益性捐赠 | 纳税调整金额 |
|---|---|---|---|---|---|---|---|
| | | 账载金额 | 按税收规定计算的扣除限额 | 税收金额 | 纳税调整金额 | 账载金额 | |
| | 1 | 2 | 3 | 4 | 5 (2-4) | 6 | 7 (5+6) |
| 5 | | | * | * | * | | * |
| 6 | | | * | * | * | | * |
| 7 | | | * | * | * | | * |
| 8 | | | * | * | * | | * |
| 9 | | | * | * | * | | * |
| 10 | | | * | * | * | | * |
| 11 | | | * | * | * | | * |
| 12 | | | * | * | * | | * |
| 13 | | | * | * | * | | * |
| 14 | | | * | * | * | | * |
| 15 | | | * | * | * | | * |
| 16 | | | * | * | * | | * |
| 17 | | | * | * | * | | * |
| 18 | | | * | * | * | | * |
| 19 | | | * | * | * | | * |
| 20 | 合计 | | | | | | |

表 5-16　　　　　　　　　　免税、减计收入及加计扣除优惠明细表

| 行次 | 项　　目 | 金额 |
|---|---|---|
| 1 | 一、免税收入 (2+3+4+5) | |
| 2 | （一）国债利息收入 | |
| 3 | （二）符合条件的居民企业之间的股息、红利等权益性投资收益（填写 A107011) | |

续表

| 行次 | 项　目 | 金额 |
|---|---|---|
| 4 | （三）符合条件的非营利组织的收入 | |
| 5 | （四）其他专项优惠（6+7+8+9+10+11+12+13+14） | |
| 6 | 　　1. 中国清洁发展机制基金取得的收入 | |
| 7 | 　　2. 证券投资基金从证券市场取得的收入 | |
| 8 | 　　3. 证券投资基金投资者获得的分配收入 | |
| 9 | 　　4. 证券投资基金管理人运用基金买卖股票、债券的差价收入 | |
| 10 | 　　5. 取得的地方政府债券利息所得或收入 | |
| 11 | 　　6. 受灾地区企业取得的救灾和灾后恢复重建款项等收入 | |
| 12 | 　　7. 中国期货保证金监控中心有限责任公司取得的银行存款利息等收入 | |
| 13 | 　　8. 中国保险保障基金有限责任公司取得的保险保障基金等收入 | |
| 14 | 　　9. 其他 | |
| 15 | 二、减计收入（16+17） | |
| 16 | （一）综合利用资源生产产品取得的收入（填写 A107012） | |
| 17 | （二）其他专项优惠（18+19+20） | |
| 18 | 　　1. 金融、保险等机构取得的涉农利息、保费收入（填写 A107013） | |
| 19 | 　　2. 取得的中国铁路建设债券利息收入 | |
| 20 | 　　3. 其他 | |
| 21 | 三、加计扣除（22+23+26） | |
| 22 | （一）开发新技术、新产品、新工艺发生的研究开发费用加计扣除（填写 A107014） | |
| 23 | （二）安置残疾人员及国家鼓励安置的其他就业人员所支付的工资加计扣除（24+25） | |
| 24 | 　　1. 支付残疾人员工资加计扣除 | |
| 25 | 　　2. 国家鼓励的其他就业人员工资加计扣除 | |
| 26 | （三）其他专项优惠 | |
| 27 | 合计（1+15+21） | |

表5-17

**研发费用加计扣除优惠明细表**

| 研发项目 行次 | 本年研发费用明细 | | | | | | | | | | 减:作为不征税收入处理的财政性资金用于研发的部分 | 可加计扣除的研发费用合计 | 费用化部分 | | 资本化部分 | | | | 本年研发费用加计扣除额合计 |
|---|---|---|---|---|---|---|---|---|---|---|---|---|---|---|---|---|---|---|---|
| | 研发活动直接消耗的材料,燃料和动力费用 | 直接从事研发活动的本企业在职人员费用 | 专门用于研发活动的有关折旧费、租赁、运行维护费 | 专门用于研发活动的有关无形资产摊销费 | 中间试验和产品试制的有关费用、样品、样机及一般测试手段购置费 | 研发成果的论证、评审、验收、鉴定费用 | 勘探开发技术的现场试验费、新药研制的临床试验费 | 设计、制定、资料和翻译费用 | 年度研发费用合计 | | | | 计入本年损益的金额 | 计入本年研发费用加计扣除额 | 本年形成无形资产的金额 | 本年形成无形资产本年加计摊销额 | 以前年度形成无形资产本年加计摊销额 | 无形资产本年加计摊销额 | |
| | 1 | 2 | 3 | 4 | 5 | 6 | 7 | 8 | 9 | 10(2+3+4+5+6+7+8+9) | 11 | 12(10-11) | 13 | 14(13×50%) | 15 | 16 | 17 | 18(16+17) | 19(14+18) |
| 1 | | | | | | | | | | | | | | | | | | | |
| 2 | | | | | | | | | | | | | | | | | | | |
| 3 | | | | | | | | | | | | | | | | | | | |
| 4 | | | | | | | | | | | | | | | | | | | |
| 5 | | | | | | | | | | | | | | | | | | | |
| 6 | | | | | | | | | | | | | | | | | | | |
| 7 | | | | | | | | | | | | | | | | | | | |
| 8 | | | | | | | | | | | | | | | | | | | |
| 9 | | | | | | | | | | | | | | | | | | | |
| 10 合计 | | | | | | | | | | | | | | | | | | | |

# 项目六 个人所得税纳税实训

## 实训一 个人所得税税额的计算与核算

### 一、实训目标

（1）能根据个人的不同分类计算和扣缴个人所得应纳税额。

（2）能汇总计算个人所得税全年的应纳税额。

### 二、实训过程

（1）根据实训资料计算李×1~12月工资、薪金所得应缴纳的个人所得税。

（2）根据实训资料计算李×稿酬所得应缴纳的个人所得税。

（3）根据实训资料计算李×董事费收入应缴纳的个人所得税税额。

（4）根据实训资料计算李×股息所得应缴纳的个人所得税税额。

（5）根据实训资料计算李×转让轿车所得应缴纳的个人所得税税额。

（6）编制个人所得税应纳税额计算表，汇总计算李×20××年度应缴纳的个人所得税额。

### 三、实训资料

姓名：李×

国籍：中国

身份证号码：230102197011242××××

经常居住地：贵州省贵阳市×××路45号

邮编：550003

电话：187123××××

受雇企业：贵阳家电设备有限公司

李×20××年1~12月的收入情况如下所示。

（1）每月工资和年终奖及扣缴的"三险一金"的情况如表6-1所示。

表6-1　　　　　　　　　　　李×工资、薪金所得明细表　　　　　　单位：元

| 月份 | 基本工资 | 岗位工资 | 伙食补助 | 季度奖金 | 应发工资 | 住房公积金 | 基本养老保险 | 基本医疗保险 | 失业保险 | 三险一金合计 |
|------|------|------|------|------|------|------|------|------|------|------|
| 1月 | 3000 | 2000 | 1000 | | 6000 | 600 | 500 | 200 | 100 | 1400 |
| 2月 | 3000 | 2000 | 1000 | | 6000 | 600 | 500 | 200 | 100 | 1400 |
| 3月 | 3000 | 2000 | 1000 | 2000 | 8000 | 600 | 500 | 200 | 100 | 1400 |
| 4月 | 3000 | 2000 | 1000 | | 6000 | 600 | 500 | 200 | 100 | 1400 |
| 5月 | 3000 | 2000 | 1000 | | 6000 | 600 | 500 | 200 | 100 | 1400 |
| 6月 | 3000 | 2000 | 1000 | 2000 | 8000 | 600 | 500 | 200 | 100 | 1400 |
| 7月 | 3000 | 2000 | 1000 | | 6000 | 600 | 500 | 200 | 100 | 1400 |
| 8月 | 3000 | 2000 | 1000 | | 6000 | 600 | 500 | 200 | 100 | 1400 |
| 9月 | 3000 | 2000 | 1000 | 2000 | 8000 | 600 | 500 | 200 | 100 | 1400 |
| 10月 | 3000 | 2000 | 1000 | | 6000 | 600 | 500 | 200 | 100 | 1400 |
| 11月 | 3000 | 2000 | 1000 | | 6000 | 600 | 500 | 200 | 100 | 1400 |
| 12月 | 3000 | 2000 | 1000 | 2000 | 8000 | 600 | 500 | 200 | 100 | 1400 |
| 年终奖金 | | | | | 24000 | | | | | |

（2）4月份出版一本书，取得稿酬10000元。该书5~7月被某报纸连载，5月份取得稿费1800元，6~7月份每月取得稿费1000元。12月份李华将自己手稿的复印件拍卖，取得8000元。

（3）因在某上市公司董事会担任董事，6月份从该上市公司取得董事费收入15万元，并通过民政局向贫困地区捐赠了5万元。

（4）因持有某上市公司股份，7月份取得上半年股息20000元。

（5）10月份转让自己拥有的一辆轿车，取得转让收入200000元，转让过程中发生税费20000元。该车购进价格为160000元，购入时发生相关税费10000元。

根据以上资料，填制李×20××年度应缴纳的个人所得税，如表6-2所示。

表 6-2 个人所得税应纳税额计算表 单位：元

| 序号 | 所得项目 | 收入额 | 扣除额 | 应纳税所得额 | 税率 | 速算扣除数 | 应纳税额 | 已缴(扣)税金 | 应补(退)税额 |
|---|---|---|---|---|---|---|---|---|---|
|  |  |  |  |  |  |  |  |  |  |
|  |  |  |  |  |  |  |  |  |  |
|  |  |  |  |  |  |  |  |  |  |
|  |  |  |  |  |  |  |  |  |  |
|  |  |  |  |  |  |  |  |  |  |
|  |  |  |  |  |  |  |  |  |  |
|  |  |  |  |  |  |  |  |  |  |
|  |  |  |  |  |  |  |  |  |  |
|  |  |  |  |  |  |  |  |  |  |
|  |  |  |  |  |  |  |  |  |  |
|  |  |  |  |  |  |  |  |  |  |
|  |  |  |  |  |  |  |  |  |  |
|  |  |  |  |  |  |  |  |  |  |
|  |  |  |  |  |  |  |  |  |  |
|  |  |  |  |  |  |  |  |  |  |
|  |  |  |  |  |  |  |  |  |  |
|  |  |  |  |  |  |  |  |  |  |
|  |  |  |  |  |  |  |  |  |  |
|  |  |  |  |  |  |  |  |  |  |
|  |  |  |  |  |  |  |  |  |  |
|  |  |  |  |  |  |  |  |  |  |
|  |  |  |  |  |  |  |  |  |  |
|  |  |  |  |  |  |  |  |  |  |
|  |  |  |  |  |  |  |  |  |  |

**【知识链接】**

1. 工资薪金个人所得税规定

工资、薪金所得是指个人因任职或者受雇而取得的工资、薪金、奖金、年终加薪、劳动分红、津贴、补贴以及与任职或者受雇有关的其他所得。

五险一金的扣除规定：按照国务院有关主管部门或省级人民政府规定的范围和标准缴纳的基本医疗保险费、基本养老保险费、失业保险费、工伤保险费、生育保险费等基本社会保险费和住房公积金，准予税前扣除。

2. 个人取得全年一次性奖金的个人所得

（1）计征方式：单独作为一个月工资、薪金所得计征个人所得税。

（2）计算方法及步骤：

①当月工资、薪金所得≥税法规定的费用扣除额时：

找税率：$\dfrac{\text{当月取得的全年一次性奖金}}{12}$，按其商数确定适用税率和速算扣除数

算税额：应纳税额＝当月取得全年一次性奖金×适用税率－速算扣除数

②当月工资、薪金所得<税法规定的费用扣除额时：

找税率：$\dfrac{\text{全年一次性奖金}-\text{雇员当月工资、薪金所得与费用扣除额的差额}}{12}$，按其商数确定适用税率和速算扣除数算税额：应纳税额＝（全年一次性奖金－雇员当月工资、薪金所得与费用扣除额的差额）×适用税率－速算扣除数

（3）全年一次性奖金适用条件：

①年终加薪、实行年薪制和绩效工资办法的单位根据考核情况兑现的年薪和绩效工资均可按全年一次性奖金方法计税。

②该方法一年纳税年度只能适用一次，即其他性质的奖金（如季度奖、半年奖）一律并入当月工资、薪金合并计税。

3. 稿酬的个人所得税计算

关于稿酬"次"的规定如下：

（1）同一作品再版取得的所得，视为另一稿酬所得。

（2）同一作品先在报刊上连载，然后出版，或先出版，然后在报刊上连载，视为两次稿酬所得。

（3）同一作品在报刊上连载取得收入，以连载完成取得的所有收入合并为一次。

（4）同一作品在出版发表时，以预付稿酬或分次支付稿酬的，视为一次所得。

（5）同一作品出版发表后，因添加印数而追加稿酬的，应与原稿酬所得合并为一次。

4. 特许权使用费所得

特许权使用费所得是指个人提供专利权、商标权、著作权、非专利技术以及其他特许权的使用权取得的所得；提供著作权的使用权取得的所得，不包括稿酬所得。

5. 不在公司任职的董事费、监事费所得

不在公司任职的董事费、监事费所得按"劳务报酬所得"计税。其基本税率为20%，一次收入畸高的加成征收，相当于三级超额累进。

6. 个人对公益事业捐赠的税前扣除

（1）直接捐赠不得扣除。

（2）通过社会公益机构的间接捐赠，不超过应纳税额30%的部分，允许扣除。

7. 财产转让所得的个人所得

应纳税额＝应纳税所得额×适用税率

　　　　　＝（收入总额－财产原值－合理费用）×20%

其中，财产原值按以下规定确定：

（1）有价证券，为买入价以及买入时按照规定缴纳的有关费用。

（2）建筑物，为建造费或者购进价格以及其他有关费用。

（3）土地使用权，为取得土地使用权所支付的金额、开发土地的费用以及其他有关费用。

（4）机器设备、车船，为购进价格、运输费、安装费以及其他有关费用。

（5）其他财产原值，参照以上四项规定确定。

# 实训二　个人所得税纳税申报

## 一、实训目标

会办理个人所得税的扣缴申报工作。

## 二、实训过程

（1）填写《个人所得税基础信息表》（A表）（见表6-3）。

（2）填写《扣缴个人所得税报告表》（见表6-4）。

（3）填写《个人所得税纳税申报表（适用于年所得12万元以上的纳税人申报）》。

## 三、实训资料

（1）与实训一的资料相同。

（2）《个人所得税基础信息表》（A表）（见表6-3）和《扣缴个人所得税报告》（见表6-4）。

表6-3

## 个人所得税基础信息表（A表）

扣缴义务人名称：

扣缴义务人编码：□□□□□□□□□□□□□□□

| 序号 | 姓名 | 国籍（地区） | 身份证件类型 | 身份证件号码 | 是否残疾烈属孤老 | 雇员 | | | 非雇员 | 股东、投资者 | | 境内无住所个人 | | | | | | | | | 备注 |
|---|---|---|---|---|---|---|---|---|---|---|---|---|---|---|---|---|---|---|---|---|---|
| | | | | | | 电话 | 电子邮箱 | 联系地址 | 电话 | 工作单位 | 公司股本（投资）总额 | 个人股本（投资）额 | 纳税人识别号 | 来华时间 | 任职期限 | 预计离境时间 | 预计离境地点 | 境内职务 | 境外职务 | 境外支付地（国别/地区） | |
| 1 | | | | | | | | | | | | | | | | | | | | | |
| 2 | | | | | | | | | | | | | | | | | | | | | |
| 3 | | | | | | | | | | | | | | | | | | | | | |
| 4 | | | | | | | | | | | | | | | | | | | | | |
| 5 | | | | | | | | | | | | | | | | | | | | | |
| 6 | | | | | | | | | | | | | | | | | | | | | |
| 7 | | | | | | | | | | | | | | | | | | | | | |
| 8 | | | | | | | | | | | | | | | | | | | | | |
| 9 | | | | | | | | | | | | | | | | | | | | | |
| 10 | | | | | | | | | | | | | | | | | | | | | |

谨声明：此表是根据《中华人民共和国个人所得税法》及其实施条例和国家相关法律法规规定填报的，是真实的、完整的、可靠的。

| 扣缴义务人公章： | 法定代表人（负责人）签字： | 主管税务机关受理专用章： |
|---|---|---|
| 经办人： | 代理机构：  （章） | 受理人： |
| | 经办人： | |
| | 经办人执业证件号码： | |
| 填表日期：　　年　　月　　日 | 代理申报日期：　　年　　月　　日 | 受理日期：　　年　　月　　日 |

表6-4

**个人所得税纳税申报表（适用于年所得12万元以上的纳税人申报）**

所得年份： 年 填表日期： 年 月 日 金额单位：人民币元（列至角分）

| 纳税人姓名 | | 国籍（地区） | | 身份证照类型 | | 身份证照号码 | |
|---|---|---|---|---|---|---|---|
| 任职、受雇单位 | | 任职受雇单位税务代码 | | 所属行业 | | 职业 | 职务 |
| 在华天数 | | 境内有效联系地址 | | | 境内有效联系地址邮编 | | 联系电话 |
| 此行由取得经营所得的纳税人填写 | | 经营单位纳税人识别号 | | | 经营单位纳税人名称 | | |

| 所得项目 | 年所得额 | | | 应纳税所得额 | 应纳税额 | 已缴（扣）税额 | 抵扣税额 | 优惠项目 | 优惠税额 | 应补税额 | 应退税额 |
|---|---|---|---|---|---|---|---|---|---|---|---|
| | 境内 | 境外 | 合计 | | | | | | | | |
| 1.工资、薪金所得 | | | | | | | | | | | |
| 2.个体工商户的生产、经营所得 | | | | | | | | | | | |
| 3.对企事业单位的承包经营、承租经营所得 | | | | | | | | | | | |
| 4.劳务报酬所得 | | | | | | | | | | | |
| 5.稿酬所得 | | | | | | | | | | | |
| 6.特许权使用费所得 | | | | | | | | | | | |
| 7.利息、股息、红利所得 | | | | | | | | | | | |
| 8.财产租赁所得 | | | | | | | | | | | |
| 9.财产转让所得 | | | | | | | | | | | |
| 其中：股票转让所得 | | | | — | — | — | — | — | — | — | — |
| 个人房屋转让所得 | | | | | | | | | | | |
| 10.偶然所得 | | | | | | | | | | | |
| 11.其他所得 | | | | | | | | | | | |
| 合 计 | | | | | | | | | | | |

我声明，此纳税申报表是根据《中华人民共和国个人所得税法》及有关法律、法规的规定填报的，我保证它是真实的、可靠的、完整的。

纳税人（签字）： 联系电话：

代理人（签章）：

税务机关受理人（签章）： 税务机关受理时间： 年 月 日 受理申报税务机关名称（盖章）：

# 实训三 个人所得税代扣代缴工作

## 一、实训目标

会办理企业个人所得税的代扣代缴申报工作。

## 二、实训过程

（1）根据资料确定职工工资、薪金所得的计税依据。

（2）根据资料计算职工工资、薪金所得应缴纳的个人所得税。

（3）根据资料计算全年一次性奖金应缴纳的个人所得税税额。

（4）根据资料填制表6-9《工资个人所得税计算表》、表6-10《年终奖金个人所得税计算表》、表6-11《稿酬个人所得税计算表》、表6-12《劳务报酬个人所得税计算表》和表6-13《扣缴个人所得税报告表》，计算职工20××年度应缴纳的个人所得税税额。

## 三、实训资料

张×是贵阳市明星出版社的会计，该出版社纳税人识别号为44020873108××××，扣缴义务人名称：贵阳市明星出版社，其他资料略。

20××年12月31日下午，出版社主管嘱咐小张发放所有员工12月份的工资、20××年终奖及作者稿酬，并办理个人所得税代扣代缴工作。小张整理本月应发的工资、年终奖金及作者稿酬的金额如表6-5、表6-6、表6-7、表6-8所示。

表6-5　　　　貴阳市明星出版社20××年12月工资发放表　　　　单位：元

| 序号 | 姓名 | 应发工资 | 扣除项目 | | | | 扣除合计 |
| --- | --- | --- | --- | --- | --- | --- | --- |
| | | | 养老 | 医疗 | 失业 | 公积金 | |
| 1 | 卢× | 5 000.00 | 360.00 | 90.00 | 45.00 | 540.00 | 1035.00 |
| 2 | 张× | 5 700.00 | 416.00 | 104.00 | 52.00 | 624.00 | 1196.00 |
| 3 | 邓× | 4 400.00 | 304.00 | 76.00 | 38.00 | 456.00 | 874.00 |
| 4 | 刘× | 4 600.00 | 328.00 | 82.00 | 41.00 | 492.00 | 943.00 |
| 5 | 黄× | 5 000.00 | 360.00 | 90.00 | 45.00 | 540.00 | 1035.00 |
| 6 | 李×× | 5 300.00 | 384.00 | 96.00 | 48.00 | 576.00 | 1104.00 |
| 7 | 陈×× | 6 700.00 | 496.00 | 124.00 | 62.00 | 744.00 | 1426.00 |

续表

| 序号 | 姓名 | 应发工资 | 扣除项目 | | | | 扣除合计 |
| | | | 养老 | 医疗 | 失业 | 公积金 | |
|---|---|---|---|---|---|---|---|
| 8 | Alice | 9500.00 | 0.00 | 0.00 | 0.00 | 0.00 | 0.00 |
| 合计 | | 46200.00 | 2648.00 | 662.00 | 331.00 | 3972.00 | 7613.00 |

表 6-6 　　　　贵阳市明星出版社 20××年终奖发放表　　　　单位：元

| 序号 | 姓名 | 应发年终奖 |
|---|---|---|
| 1 | 卢× | 12000.00 |
| 2 | 张× | 24000.00 |
| 3 | 邓× | 12000.00 |
| 4 | 刘× | 12000.00 |
| 5 | 黄× | 12000.00 |
| 6 | 李×× | 24000.00 |
| 7 | 陈×× | 24000.00 |
| 合计 | | 120000.00 |

表 6-7 　　　贵阳市明星出版社 20××年 12 月外协劳务报酬发放表　　　单位：元

| 序号 | 姓名 | 应发年终奖 |
|---|---|---|
| 1 | 张× | 10000.00 |
| 2 | 王×× | 900.00 |
| 3 | 李×× | 600.00 |
| 合计 | | 25 000.00 |

表 6-8 　　　　贵阳市明星出版社 20××年 12 月稿酬发放表　　　　单位：元

| 序号 | 姓名 | 应发年终奖 |
|---|---|---|
| 1 | 张× | 10000.00 |
| 2 | 文× | 8000.00 |
| 合计 | | 18000.00 |

根据以上资料，填制表 6-9《工资个人所得税计算表》、表 6-10《年终奖金个人所得税计算表》、表 6-11《稿酬个人所得税计算表》、表 6-12《劳务报酬个人所得税计算表》、表 6-13《扣缴个人所得税报告表》和表 6-14《扣缴个人所得税报告表（全年一次性奖金）》。

表 6-9　　贵阳市明星出版社 20××年 12 月工资个人所得税应纳税额计算表　单位：元

| 序号 | 姓名 | 应发工资 | 扣除额 | 应纳税所得额 | 税率 | 速算扣除数 | 应纳税额 | 已缴（扣）税金 | 应补（退）税额 |
|---|---|---|---|---|---|---|---|---|---|
| 1 | 卢× | | | | | | | | |
| 2 | 张× | | | | | | | | |
| 3 | 邓× | | | | | | | | |
| 4 | 刘× | | | | | | | | |
| 5 | 黄× | | | | | | | | |
| 6 | 李×× | | | | | | | | |
| 7 | 陈×× | | | | | | | | |
| 8 | Alice | | | | | | | | |
| | 合计 | | | | | | | | |

表 6-10　　　　贵阳市明星出版社 20××年终奖个人所得税应纳税额计算表　　　　单位：元

| 序号 | 姓名 | 应发奖金 | 核算商数 | 税率 | 速算扣除数 | 应纳税额 |
|---|---|---|---|---|---|---|
| 1 | 卢× | | | | | |
| 2 | 张× | | | | | |
| 3 | 邓× | | | | | |
| 4 | 刘× | | | | | |
| 5 | 黄× | | | | | |
| 6 | 李×× | | | | | |
| 7 | 陈×× | | | | | |
| | 合计 | | | | | |

表 6-11　　贵阳市明星出版社 20××年 12 月稿酬个人所得税应纳税额计算表　单位：元

| 序号 | 姓名 | 应发稿酬 | 扣除金额 | 应纳税所得额 | 税率 | 扣除数 | 应纳税额 |
|---|---|---|---|---|---|---|---|
| 1 | 张× | | | | | | |
| 2 | 文× | | | | | | |
| | 合计 | | | | | | |

表 6-12　　贵阳市明星出版社 20××年 12 月劳务报酬个人所得税应纳税额计算表　单位：元

| 序号 | 姓名 | 应发报酬 | 扣除金额 | 应纳税所得额 | 税率 | 扣除数 | 应纳税额 |
|---|---|---|---|---|---|---|---|
| 1 | 张× | | | | | | |
| 2 | 王×× | | | | | | |
| 3 | 李×× | | | | | | |
| | 合计 | | | | | | |

表6-13

**扣缴个人所得税报告表**

税款所属期: 年 月 日 至 年 月 日

扣缴义务人名称:

扣缴义务人编码: □□□□□□□□□□

扣缴义务人所属行业: □一般行业 □特定行业月份申报

金额单位: 人民币元 (列至角分)

| 序号 | 姓名 | 身份证件类型 | 身份证件号码 | 所得项目 | 所得期间 | 收入额 | 免税所得 | 税前扣除项目 | | | | | | | | 减除费用 | 准予扣除的捐赠额 | 应纳税所得额 | 税率% | 速算扣除数 | 应纳税额 | 减免税额 | 应扣缴税额 | 已扣缴税额 | 应补(退)税额 | 备注 |
|---|---|---|---|---|---|---|---|---|---|---|---|---|---|---|---|---|---|---|---|---|---|---|---|---|---|---|
| | | | | | | | | 基本养老保险费 | 基本医疗保险费 | 失业保险费 | 住房公积金 | 财产原值 | 允许扣除的税费 | 其他 | 合计 | | | | | | | | | | | |
| 1 | 2 | 3 | 4 | 5 | 6 | 7 | 8 | 9 | 10 | 11 | 12 | 13 | 14 | 15 | 16 | 17 | 18 | 19 | 20 | 21 | 22 | 23 | 24 | 25 | 26 | 27 |
| | | | | | | | | | | | | | | | | | | | | | | | | | | |
| | | | | | | | | | | | | | | | | | | | | | | | | | | |
| | | | | | | | | | | | | | | | | | | | | | | | | | | |

谨声明: 此扣缴报告表是根据《中华人民共和国个人所得税法》及其实施条例和国家有关税收法律法规规定填写的, 是真实的、完整的、可靠的。

法定代表人(负责人)签字:

年 月 日

扣缴义务人公章:

扣缴义务人

经办人:

代理机构(人)签章:

经办人:

经办人执业证件号码:

代理申报日期: 年 月 日

主管税务机关受理专用章:

受理人:

受理日期: 年 月 日

填表日期: 年 月 日

表6-14

所得项目：工资、薪金所得

## 扣缴个人所得税税报告表（全年一次性奖金）

扣缴义务人识别号：　　　　　　　　　　扣缴义务人名称：

扣缴义务人所属行业：　　　　　　　　　税款所属期：　　　　　　　至

经办人：　　　　　　　　　　　　　　　法定代表人（负责人）：

填表日期：　　　　　　　　　　　　　　金额单位：人民币元（列至角分）

| 序号 | 纳税人姓名 | 证照类型 | 证照号码 | 本月工资 | 全年一次性奖金收入额 | 应纳税所得额 | 税率 | 速算扣除数 | 应扣缴税额 |
|---|---|---|---|---|---|---|---|---|---|
| 1 | | | | | | | | | |
| 2 | | | | | | | | | |
| 3 | | | | | | | | | |
| 4 | | | | | | | | | |
| 5 | | | | | | | | | |
| 6 | | | | | | | | | |
| 7 | | | | | | | | | |
| 8 | | | | | | | | | |
| 9 | | | | | | | | | |
| 10 | | | | | | | | | |
| 合计 | | | | | | | | | |

# 项目七 | **其他税种纳税实训**

## 实训一 土地增值税的计算与核算

### 一、实训目标

（1）根据各经济业务，分析并确定各该业务是否应征收土地增值税。

（2）根据原始凭证，计算本期应缴纳的土地增值税税额并进行相应账务处理。

### 二、实训过程

（1）结合模拟企业资料，根据各经济业务原始凭证，分析是否应纳土地增值税。

（2）根据企业资料，计算出土地增值税。

### 三、实训资料

1. 转让新建房地产土地增值税的计算

例：某家房地产开发企业 2017 年度委托××公司开发建造住宅楼 20 栋，其中 40% 的建筑面积对外出租，本年度取得租金收入共计 86 万元。60% 的建筑面积直接对外出售，取得销售收入共计 4528 万元。与该住房楼的开发相关的成本费用如下：

取得土地使用权时支付价款 1500 万元。

取得土地使用权时发生契税 38 万元。

发生管理费用 240 万元、销售费用 350 万元、财务费用 280 万元。（当地政府

规定，房地产开发公司发生的三项费用在计算土地增值税增值额时的扣除比例为8%）

计算土地增值税时准予扣除的税费为310万元。

要求：根据以上资料，计算出该房地产开发企业销售住宅楼应缴纳的土地增值税税额是多少？

**【知识链接】**

1. 应纳税额的计算

$$增值额=收入-扣除项目$$

$$增值率=增值额/扣除项目×100\%（利用增值率查找税率表，找出适用的税率）$$

$$应纳税额=增值额×税率-扣除项目×速算扣除系数$$

土地增值税使用四级超率累进税率表见表7-1。

表7-1 土地增值税使用超率累进税率

| 级数 | 扣除项目金额的比例 | 税率（%） | 速算扣除数（元） |
| --- | --- | --- | --- |
| 1 | 不超过50%的部分 | 30 | 0 |
| 2 | 超过50%～100%的部分 | 40 | 5 |
| 3 | 超过100%～200%的部分 | 50 | 15 |
| 4 | 超过200%的部分 | 60 | 35 |

2. 转让旧房土地增值税的计算

例：2017年4月1日，某公司销售房屋一栋，签订合同并开具了发票，取得收入600万元，发生相关税费12万元。由于公司不能取得该房屋的评估价格，但是能够提供购房发票，发票上记载信息：购房时间：2014年4月1日，购房金额为280万元，税务机关已经确认。

要求：根据以上资料，计算该公司应缴纳多少土地增值税？

**【知识链接】**

应纳税额的计算

$$增值额=收入-扣除项目$$

$$增值率=增值额/扣除项目×100\%（利用增值率查找税率表，找出适用的税率）$$

$$应纳税额=增值额×税率-扣除项目×速算扣除系数$$

# 实训二　土地增值税纳税申报流程

## 一、土地增值税一般申报流程（见图7-1）

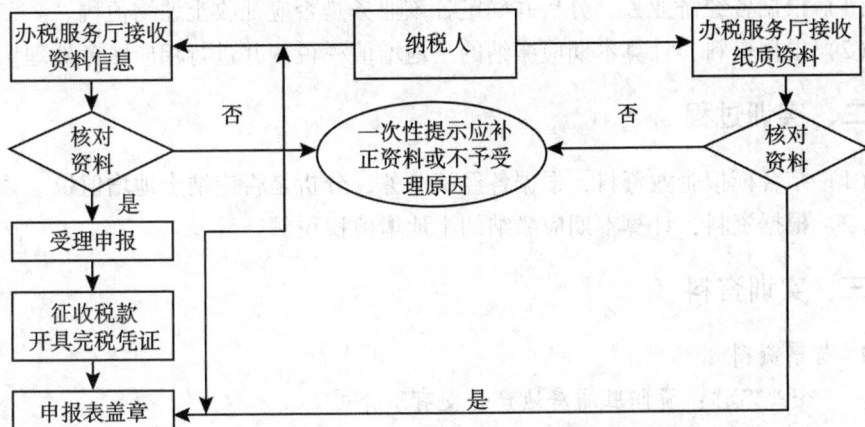

图7-1　土地增值税一般申报流程

## 二、土地增值税清算流程（见图7-2）

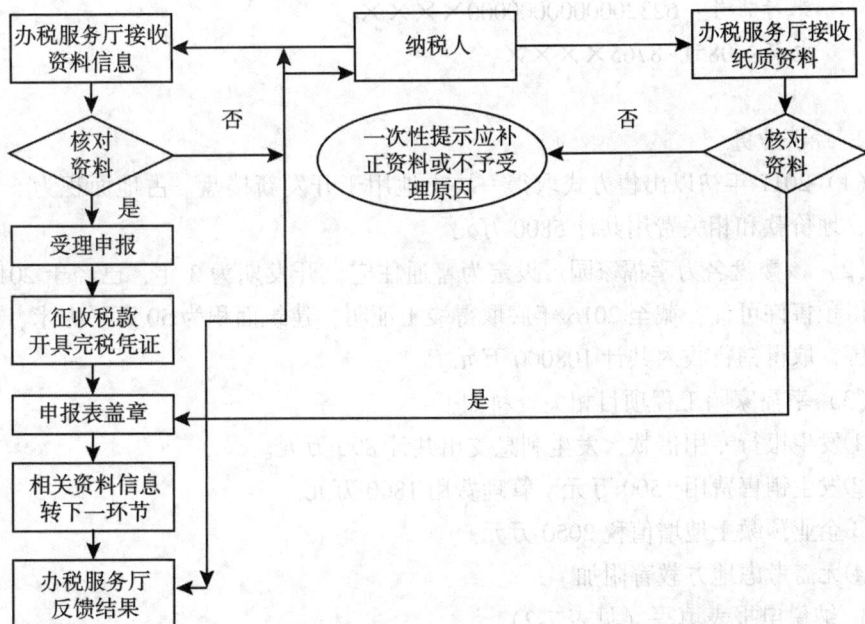

图7-2　土地增值税清算申报流程

# 实训三　土地增值税纳税申报实训

## 一、实训目标

（1）根据各经济业务，分析并确定各该业务是否应征收土地增值税。

（2）根据资料，计算本期应缴纳的土地增值税税额并进行相应账务处理。

## 二、实训过程

（1）结合模拟企业资料，根据各经济业务，分析是否应纳土地增值税。

（2）根据资料，计算本期应缴纳的土地增值税税额。

## 三、实训资料

1. 背景资料

　　企业名称：贵阳胜浦房地产开发有限公司

　　地址：贵阳市观山湖区白云路2号

　　纳税人识别号：52010152512××××

　　主管部门：贵阳市建设局

　　开户行：中国工商银行贵溪分行

　　银行账号：6232000000000000××××

　　电话：0851-8765××××

2. 经济业务

（1）2017年初以出售方式取得一块土地用于开发新楼盘。占地面积为5万平方米，地价款和相关费用共计5800万元。

（2）该楼盘名为幸福家园。设定为普通住宅，开发期为3年，已经于2016年初取得预售许可证，截至2016年底取得竣工证明，建筑面积为50万平方米，并全部销售，取得销售收入共计108000万元。

（3）幸福家园工程项目相关资料如下：

①发生银行专用借款，发生利息支出共计890万元。

②发生销售费用1500万元、管理费用1800万元。

③企业预缴土地增值税2050万元。

④无需考虑地方教育附加。

3. 纳税申报表填写（见表7-2）

表 7-2          **土地增值税纳税申报表**

（从事房地产开发的纳税人清算适用）

税款所属时间：       填表日期：        金额单位：万元 面积单位：平方米

纳税人识别号：52010152512×××

| 纳税人名称 | | 项目名称 | 幸福家园 | 项目编号 | | 项目地址 | |
|---|---|---|---|---|---|---|---|
| 所属行业 | 房地产 | 登记注册类型 | | 纳税人地址 | | 邮政编码 | |
| 开户银行 | 中国工商银行 | 银行账号 | | 主管部门 | | 电 话 | |
| 总可售面积 | | | | 自用和出租面积 | | | 0 |
| 已售面积 | | 其中：普通住宅已售面积 | | 其中：非普通住宅已售面积 | | 其中：其他类型房地产已售面积 | |

| 项 目 | 行 次 | 金 额 | | | |
|---|---|---|---|---|---|
| | | 普通住宅 | 非普通住宅 | 其他类型房地产 | 合计 |
| 一、转让房地产收入总额 1＝2＋3＋4 | 1 | | | | |
| 其中 | 货币收入 | 2 | | | | |
| | 实务收入 | 3 | | | | |
| | 其他收入 | 4 | | | | |
| 二、扣除项目金额合计 5＝6＋7＋14＋17＋21 | 5 | | | | |
| 1. 取得土地使用权所支付的金额 | 6 | | | | |
| 2. 房地产开发成本 7＝8＋9＋10＋11＋12＋13 | 7 | | | | |
| 其中 | 土地征用及拆迁补偿费 | 8 | | | | |
| | 前期工程费 | 9 | | | | |
| | 建筑安装工程费 | 10 | | | | |
| | 基础设施费 | 11 | | | | |
| | 公共配套设施费 | 12 | | | | |
| | 开发间接费用 | 13 | | | | |

| 项 目 | 行 次 | 金 额 | | | |
|---|---|---|---|---|---|
| | | 普通住宅 | 非普通住宅 | 其他类型房地产 | 合 计 |
| 3. 房地产开发费用 14 = 15+16 | 14 | | | | |
| 其中　利息支出 | 15 | | | | |
| 　　　其他房地产开发费用 | 16 | | | | |
| 4. 与转让房地产有关的税金等 17 = 18+19+20 | 17 | | | | |
| 其中　营业税 | 18 | | | | |
| 　　　城市维护建设税 | 19 | | | | |
| 　　　教育费附加 | 20 | | | | |
| 5. 财政部规定的其他扣除项目 | 21 | | | | |
| 三、增值额 22 = 1−5 | 22 | | | | |
| 四、增值额与扣除项目金额之比（%） 23 = 22/5 | 23 | | | | |
| 五、适用税率（%） | 24 | | | | |
| 六、速算扣除系数（%） | 25 | | | | |
| 七、应缴土地增值税税额 26 = 22×24−5×25 | 26 | | | | |
| 八、减免税额 | 27 | | | | |
| 其中　减免税（1）　减免性质代码 | 28 | | | | |
| 　　　　　　　　　减免税额 | 29 | | | | |
| 　　　减免税（2）　减免性质代码 | 30 | | | | |
| 　　　　　　　　　减免税额 | 31 | | | | |
| 　　　减免税（3）　减免性质代码 | 32 | | | | |
| 　　　　　　　　　减免税额 | 33 | | | | |

续表

| 项 目 | 行 次 | 金 额 | | | |
|---|---|---|---|---|---|
| | | 普通住宅 | 非普通住宅 | 其他类型房地产 | 合计 |
| 九、已缴土地增值税税额 | 34 | | | | |
| 十、应补(退)土地增值税税额<br>35=26-27-34 | 35 | | | | |

| 授权代理人 | (如果你已委托代理申报人,请填写下列资料)<br>　　为代理一切税务事宜,现授权____<br>(地址)____为本纳税人的代理申报人,任何与本报表有关的来往文件都可寄予此人。<br><br>　　　授权人签字:_____ | 纳税人声明 | 此纳税申报表是根据《中华人民共和国土地增值税暂行条例》及其《实施细则》的规定填报的,是真实的、可靠的、完整的。<br><br>　　　声明人签字:_____ |
|---|---|---|---|
| 纳税人<br>签 章 | 法人代表<br>签 章 | 经办人员 (代理申报人)<br>签章 | 备注 |
| 主管税务机关收到日期 | 接收人 | 审核日期 | 税务审核人员签章 |
| 审核<br>记录 | | | 主管税务机关盖章 |

**【填表说明】**

一、适用范围:

适用于从事房地产开发并转让的土地增值税纳税人。

二、土地增值纳税申报表

(一)表头项目

(1)税款所属期是项目预征的时间,截至日期是税务机关规定(通知)申报期限的最后一日。

(2)纳税人识别号:填写机关为纳税人确定的识别号。

(3)项目名称:填写纳税人所开发并转让的房地产开发项目全称。

(4)项目编号:是在进行房地产项目登记时,税务机关按照一定的规则赋予的编号,此编号会跟随项目的预征清算全过程。

(5)所属行业:根据《国民经济行业分类》(GB/T4754-2011)填写。该项可由系统根据纳税人识别号自动带出,无须纳税人填写。

(6) 登记注册类型:单位,根据税务登记证或组织机构代码证中登记的注册类型填写,纳税人是企业的根据国家统计局《关于划分企业登记注册类型的规定》填写。该项可由系统根据纳税人识别号自动带出,无须纳税人填写。

(7) 主管部门:按纳税人隶属的管理部门或总机构填写。外商投资企业不填。

(8) 开户银行:填写纳税人开设银行账户的银行名称,如果纳税人在多个银行开户的,填写其主要经营账户的银行名称。

(9) 银行账号:填写纳税人开设的银行账号的号码,如果纳税人拥有多个银行账号的,填写其主要经营账户的号码。

(二) 表中项目

(1) 表第1栏"转让房地产收入总额",按纳税人在转让房地产开发项目所取得的全部收入额填写。

(2) 表第2栏"货币收入",按纳税人转让房地产开发项目所取得的货币形态的收入额填写。

(3) 表第3、4栏"实物收入"、"其他收入",按纳税人转让房地产开发项目所取得的实物形态的收入和无形资产等其他形态的收入额填写。

(4) 表第6栏"取得土地使用权所支付的金额",按纳税人为取得该房地产开发项目所需要的土地使用权而实际支付(补交)的土地出让金(地价款)及按国家统一规定交纳的有关费用的数额填写。

(5) 表第8栏至第13栏,应根据《细则》规定的从事房地产开发所实际发生的各项开发成本的具体数额填写。

(6) 表第15栏"利息支出",按纳税人进行房地产开发实际发生的利息支出中符合《细则》第七条(三)规定的数额填写。如果不单独计算利息支出的,则本栏数额填写为"0"。

(7) 表第16栏"其他房地产开发费用",应根据《细则》第七条(三)的规定填写。

(8) 表第18栏至表第20栏,按纳税人转让房地产时所实际缴纳的税金数额填写。

(9) 表第21栏"财政部其他扣除项目",是指根据《条例》和《细则》等有关规定所确定的财政部规定的扣除项目的合计数。

(10) 表第24栏"适用税率",应根据《条例》规定四级超率累进税率,按所适用的最高一级税率填写。

(11) 表第25栏"速算扣除系数",应根据《细则》第十条的规定找出速算扣除系数来填写。

（12）表第28、30、32栏"减免性质代码"：按照税务机关最新制发的减免税政策代码表中最细项减免性质代码填报。表第29、31、33栏"减免税额"填写相应"减免性质代码"对应减免税金额，纳税人同时享受多个减免税政策应分别填写，不享受减免税的，不填写此项。

（13）表第34栏"已缴土地增值税税额"，按纳税人已经缴纳的土地增值税的数额填写。

（14）表中每栏按照"普通住宅、非住宅、其他类型房地产"分别填写。

# 实训四　印花税纳税申报实务

## 一、实训目标

（1）能计算出印花税金额。

（2）会办理印花税的纳税申报。

## 二、实训过程

根据实训资料的相关内容，计算印花税应纳税额，填制印花税的纳税申报表。

## 三、印花税纳税申报流程

印花税纳税人依照税收法律法规及相关规定确定的申报期限、申报内容，就其应税项目如实向税务机关申报缴纳印花税。

印花税有一般缴纳方法和简化缴纳方法。

1. 一般纳税方法

一般纳税方法分为两个步骤：

（1）印花税通常由纳税人根据规定自行计算应纳税额，向税务机关购买并一次贴足印花税票，完纳税款。

（2）纳税人将印花税票粘贴在应税凭证后，应即行注销或画销，注销或画销标记应与骑缝处相交。

2. 简化纳税方法

（1）以缴款书或完税凭证代替贴花。

如果一份凭证的应纳税额超过500元，可向当地税务机关申请填写缴款书或者完税证，将其中一联粘贴在凭证上或者由税务机关在凭证上加注完税标记，代替贴花。

（2）按期汇总缴纳印花税。

同一种类应纳税凭证若需要频繁贴花的纳税人可向当地税务机关申请按期汇总缴纳印花税。经税务机关核准发给许可证后,按税务机关确定的期限(最长不超过1个月)汇总计算纳税。

(3)代扣税款汇总缴纳。

税务机关为了加强源泉控制管理可以委托某些代理填开应税凭证的单位(如代办运输、联运的单位)对凭证当事人应纳的印花税予以代扣,并按期汇总缴纳。

3. 纳税人应提供的申报资料

按期汇总纳税的纳税人应提供《印花税纳税申报表》三份。

## 四、实训资料

1. 背景资料

企业名称:贵阳胜浦房地产开发有限公司

地址:贵阳市观山湖区白云路2号

纳税人识别号:52010152512××××

主管部门:贵阳市建设局

开户行:中国工商银行贵溪分行

银行账号:6232000000000000××××

电话:0851-8765××××

2. 经济业务

贵阳胜浦房地产开发有限公司2017年7月发生以下业务:

(1)7月3日与A企业签订一份以货换货合同,用库存1500万元的存货换取A企业相同金额的原材料。

(2)7月10日与B企业签订受托加工合同一份,约定B企业提供价值80万元的主要原材料,由贵阳胜浦房地产开发有限公司收取B企业辅助材料费10万元和加工费用20万元。

(3)7月15日与C企业签订财产租赁合同一份,从下月开始将企业闲置的厂房租给C企业使用,每月租金1万,租期2年。

该公司属于按期汇总缴纳印花税,汇总缴纳期限为1个月,该公司于2017年8月5日申报缴纳7月份的印花税税额。根据以上业务进行分析及计算应缴纳的税额,并填制表7-3。

表7-3 　　　　　　　　　**印花税应纳税额计算表** 　　　　　单位：元

| 序号 | 税目 | 件数 | 计税金额 | 适用税率 | 应纳税额 |
|------|------|------|----------|----------|----------|
|      |      |      |          |          |          |
|      |      |      |          |          |          |
|      |      |      |          |          |          |

### 3. 纳税申报表填写（见表7-4）

表7-4 　　　　　　　　　　　　**印花税纳税申报表**

税款所属期限：自　年　月　日至　年　月　日　　填报日期：　年　月　日　金额单位：元至角分
纳税人识别号：

| 纳税人信息 | 名称 | | | | | | | | |
|------------|------|----|----|----|----|----|----|----|----|
| | 登记注册类型 | | | 所属行业 | | | | | |
| | 行业证件类型 | | | 身份证件号码 | | | | | |
| | 联系方式 | | | | | | | | |
| 应税凭证 | 计税金额或件数 | 核定征收 | | 适用税率 | 本期应纳税额 | 本期已缴税额 | 本期减免税额 | | 本期应补(退)税额 |
| | | 核定依据 | 核定比例 | | | | 减免性质代码 | 减免税 | |
| | 1 | 2 | 3 | 4 | 5 | 6 | 7 | 8 | 9 |
| 购销合同 | | | | 0.3‰ | | | | | |
| 加工承揽合同 | | | | 0.5‰ | | | | | |
| 建设工程勘查设计合同 | | | | 0.5‰ | | | | | |
| 建筑安装工程承包合同 | | | | 0.3‰ | | | | | |
| 财产租赁合同 | | | | 1‰ | | | | | |
| 货物运输合同 | | | | 0.5‰ | | | | | |
| 仓储保管合同 | | | | 1‰ | | | | | |
| 借款合同 | | | | 0.05‰ | | | | | |
| 财产保险合同 | | | | 1‰ | | | | | |

续表

| 应税凭证 | 计税金额或件数 | 核定征收 核定依据 | 核定征收 核定比例 | 适用税率 | 本期应纳税额 | 本期已缴税额 | 本期减免税额 减免性质代码 | 本期减免税额 减免税 | 本期应补(退)税额 |
|---|---|---|---|---|---|---|---|---|---|
| | 1 | 2 | 3 | 4 | 5 | 6 | 7 | 8 | 9 |
| 技术合同 | | | | 0.3‰ | | | | | |
| 产权转移书据 | | | | 0.5‰ | | | | | |
| 营业账簿(记载资金的账簿) | | —— | | 0.5‰ | | | | | |
| 营业账簿(其他账簿) | | —— | | 5元/本 | | | | | |
| 权利、许可证照 | | —— | | 5元/本 | | | | | |
| 合计 | —— | —— | —— | | | | | | |

| 以下由纳税人填写: | | | | |
|---|---|---|---|---|
| 纳税人声明 | 此纳税申报表是根据《中华人民共和国印花税暂行条例》和国家有关税收规定填报的,是真实的、可靠的、完整的。 | | | |
| 纳税人签章 | | 代理人签章 | | 代理人身份证号 |
| 以下由税务机关填写: | | | | |
| 受理人 | | 受理日期 | 年 月 日 | 受理税务机关签章 |

本表一式两份,一份纳税人留存,一份税务机关留存。

减免性质代码:减免性质代码按照税务机关最新制发的减免税政策代码标准的最细项减免性质代码填报。

# 实训五　城镇土地使用税计算与申报

## 一、实训目标

(1)根据土地的不同用途正确计算城镇土地使用税的金额。

（2）掌握城镇土地使用税的纳税申报。

## 二、实训要求

掌握城镇土地使用税的纳税申报。

## 三、实训资料

### 1. 背景资料

　　企业名称：贵阳胜浦房地产开发有限公司
　　地址：贵阳市观山湖区白云路2号
　　纳税人识别号：52010152512××××
　　主管部门：贵阳市建设局
　　开户行：中国工商银行贵溪分行
　　银行账号：6232000000000000××××
　　电话：0851-8765××××

### 2. 经济业务

20××年胜浦公司占用贵安市二等地段土地5000平方米，三等地段9000平方米，同年，该公司城郊征用3000平方米。当地城镇土地使用税税额为：二等地段8元/平方米，三等地段5元/平方米。胜浦公司的城镇土地使用税按季申报缴纳，胜浦公司于次年1月5日申报20××年第四季度的城镇土地使用税。要求：根据以上业务分析及计算应缴纳的税额，并填写表7-5。

表7-5　　　　　　　　　　　**城镇土地使用税纳税申报表**

税款所属期：　　　　　　　填表日期：　　　年　月　日
纳税人识别号：　　　　　　　　　　　　　金额单位：元至角分　面积单位：平方米

| | 名称 | | 纳税人分类 | 单位　个人 |
|---|---|---|---|---|
| 纳税人信息 | 登记注册类型 | * | 所属行业 | * |
| | 身份证件类型 | 身份证　护照　其他 | 身份证号码 | |
| | 联系人 | | 联系方式 | |

续表

| | 土地编号 | 宗地的地号 | 土地等级 | 税额标准 | 土地总面积 | 所属期起 | 所属期止 | 本期应纳税额 | 本期减免税额 | 本期已经缴税额 | 本期应补（退）税额 |
|---|---|---|---|---|---|---|---|---|---|---|---|
| 申报纳税信息 | * | | | | | | | | | | |
| | * | | | | | | | | | | |
| | * | | | | | | | | | | |
| | * | | | | | | | | | | |
| | * | | | | | | | | | | |
| | * | | | | | | | | | | |
| | * | | | | | | | | | | |
| | * | | | | | | | | | | |
| | * | | | | | | | | | | |
| | * | | | | | | | | | | |
| | 合计 | | * | | | * | * | | | | |

以下由纳税人填写：

| 纳税人声明 | 此纳税申报表是根据《中华人民共和国城镇土地使用税暂行条例》和国家有关税收规定填报的，是真实的、可靠的、完整的。 | | | | |
|---|---|---|---|---|---|
| 纳税人签章 | | 代理人签章 | | 代理人身份证号 | |

以下由税务机关填写：

| 受理人 | | 受理日期 | 年　月　日 | 受理税务机关章 | |
|---|---|---|---|---|---|

本表一式两份，一份纳税人留存，一份税务机关留存。

【知识链接】

企业办的学校、医院、托儿所、幼儿园，其用地能与企业其他用地明确区分的，可以比照由国家财政部门拨付事业经费的单位自用地土地，免征土地使用税。

# 实训六　房产税计算与申报

## 一、实训目标

（1）能根据房产的不同用途正确计算房产税金额。

（2）会办理房产税的纳税申报。

## 二、实训要求

根据实训资料的相关内容，填制房产税的纳税申报表。

## 三、实训过程

（1）计算房产税税额。

（2）填制房产税纳税申报表。

## 四、实训资料

背景资料

  企业名称：贵阳胜浦房地产开发有限公司

  地址：贵阳市观山湖区白云路2号

  纳税人识别号：52010152512××××

  主管部门：贵阳市建设局

  开户行：中国工商银行贵溪分行

  银行账号：6232000000000000××××

  电话：0851-8765××××

  截至20××年末，公司房产账面原值8000万元（房产余值扣除比例30%），自用房屋房产原值4000万元，次年3月1日将原值5000万元的房产出租，租期2年，每月租金15万元。

  根据以上资料填制贵阳胜浦房地产开发有限公司房产税纳税申报表，如表7-6和表7-7所示。

表7-6           **房产税应纳税额计算表**       单位：元

| 序号 | 房产原值 | 按房产余值计征 | | | | 按租金收入计征 | | |
| --- | --- | --- | --- | --- | --- | --- | --- | --- |
| | | 扣除率 | 房产余值 | 税率 | 应纳税额 | 租金收入 | 税率 | 应纳税额 |
| | | | | | | | | |
| | | | | | | | | |
| | | | | | | | | |
| | | | | | | | | |
| | | | | | | | | |
| 合计 | | | | | | | | |

表7-7

税款所属期：自　年　月　日至　年　月　日　　　　　　　　　　　　　　　　　　　　　　金额单位：元至角分

纳税人识别号 □□□□□□□□□□□□

## 房产税纳税申报表

填表日期：　年　月　日　　　　　　　　　　面积单位：平方米

| 纳税人信息 | 名称 | | 纳税人分类 | | 单位 | | 个人 |
|---|---|---|---|---|---|---|---|
| | 登记注册类型 | | 所属行业 | | | | |
| | 身份证件类型 | 身份证　护照　其他纳税人 | 身份证件号码 | | | | |
| | 联系人 | | 联系方式 | | | | |

一、从价计征房产税

| 房产编号 | 房产原值 | 其中：出租房产原值 | 计税比例 | 税率 | 所属期起 | 所属期止 | 本期应纳税额 | 本期减免税额 | 本期已缴税额 | 本期应补（退）税额 |
|---|---|---|---|---|---|---|---|---|---|---|
| 1 | * | | | | | | | | | |
| 2 | * | | | | | | | | | |
| 3 | * | | | | | | | | | |
| 4 | * | | | | | | | | | |
| 5 | * | | | | | | | | | |
| 6 | * | | | | | | | | | |
| 7 | * | | | | | | | | | |
| 8 | * | | | | | | | | | |
| 9 | * | | | | | | | | | |
| 10 | * | | | | | | | | | |
| 合计 | * | * | * | * | * | * | | | | |

续表

二、从租计征房产税

| 本期申报租金收入 | 税率 | 本期应纳税额 | 本期减免税额 | 本期已缴税额 | 本期应补（退）税额 |
|---|---|---|---|---|---|
| 1 | | | | | |
| 2 | | | | | |
| 3 | | | | | |
| 合计 | | | | | |

| 纳税人声明 | 此纳税申报表是根据《中华人民共和国房产税暂行条例》和国家有关税收规定填报的，是真实的、可靠的、完整的。 |
|---|---|
| 以下由纳税人填写： | |
| 以下由税务机关填写： | |

本表一式两份，一份纳税人留存，一份税务机关留存。

**【知识链接】**

房产税采用比例税率，分别按从价计征和从租计征设置了两种税率：

（1）从价计征的税率为 1.2%。

（2）从租计征的税率为 12%。

对个人按市场价格出租的居民住房，其应缴纳的房产税暂按 4% 的税率征收。

# 实训七　城市维护建设税及教育附加计算与申报

## 一、实训目标

（1）能按月计算城市维护建设税及教育费附加金额。

（2）会办理城市维护建设税及教育费附加的纳税申报。

## 二、实训要求

根据实训资料的相关内容，填制城市维护建设税及教育费附加的纳税申报表。

## 三、实训过程

（1）填写城市维护建设税及教育费附加计算表。

（2）填制城市维护建设税及教育费附加的纳税申报表。

## 四、实训资料

贵州醉美酒业股份有限公司是一家酒类生产企业，为增值税一般纳税人，公司基本资料如下：

纳税人识别号：91520102161512××××

开户银行：建设银行贵阳省府路支行

银行账号：845018806××××

注册地址：贵阳市省府路 58 号

电话号码：0851-8123××××

公司 2017 年 6 月共缴纳增值税 78690.50 元，消费税 61200 元。

根据以上资料填制贵州醉美酒业股份有限公司城市维护建设税及教育费附加的纳税申报表，如表 7-8 至表 7-10 所示。

表 7-8　　　　　　　**城市维护建设税及教育费附加计算表**　　　　单位：元

| 项　目 | 计税依据 | | 税率 | 应交税（费） |
|---|---|---|---|---|
| | 增值税 | 消费税 | （征收率） | 金额 |
| 城市维护建设税 | | | | |
| 教育费附加 | | | | |
| 地方教育税附加 | | | | |
| 合　计 | | | | |

**【知识链接】**

城市维护建设税的计税依据是纳税人实际缴纳的增值税、消费税税额，包括被查补的上述两项税额，但不包括加收的滞纳金和罚款等非税款项。

表 7-9　　　　　　　　　**城市维护建设税申报表**

（适用于增值税、消费税纳税人）

填表日期　　年　月　日

纳税人识别号：

纳税人名称：

申报所属期起：

申报所属期止：　　　　　　　　　　　　　　　　单位：元（列至角分）

| 税（费）种 | 计税（费）依据 | | 税（费）率 | 应纳税（费）额 | 减免税（费）额 | 应缴纳税（费）额 |
|---|---|---|---|---|---|---|
| | 增值税税额 | 消费税税额 | | | | |
| 1 | 2 | 3 | 4 | 5＝（2+3）×4 | 6 | 7＝5-6 |
| 城市维护建设税 | | | | | | |

| 如纳税人填报、由纳税人填写以下各栏 | | 如委托税务代理机构填报，由税务代理机构填写以下各栏 | | |
|---|---|---|---|---|
| 会计主管(签章) | 经办人(签章) | 税务代理机构名称 | | 税务代理机构（公章） |
| | | 税务代理机构地址 | | |
| | | 代理人(签章) | | |
| 申报声明 | 此纳税申报表是根据国家税收法律的规定填报的，我确信它是真实的、可靠的、完整的。申明人：法定代表人(负责人)签字或盖章：(公章) | 以下由税务机关填写 | | |
| | | 受理日期 | | 受理人 |
| | | 审核日期 | | 审核人 |
| | | 审核记录 | | |

表 7-10　　　　　　　　**教育费附加（地方教育费附加）申请表**

（适用于增值税、消费税纳税人）

填表日期　　年 月 日

增税人识别号：

纳税人名称：　　　　　　　　　　　　　　　　　　　　单位：元（列至角分）

| 税(费)种 | 计税(费)依据 | | (费)款所属期 | 税(费)率 | 应纳税(费)额 | 减免税(费)额 | 应缴纳税(费)额 |
|---|---|---|---|---|---|---|---|
| | 实际缴纳增值税税额 | 实际缴纳消费税税额 | | | | | |
| 1 | 2 | 3 | 4 | 5 | 6=(2+3)×5 | 7 | 8=7-6 |
| 教育费附加 | | | | | | | |
| 地方教育费附加 | | | | | | | |
| 合　计 | | | — | — | | | |

| 如纳税人填报 由纳税人填写以下各栏 | | 如委托税务代理机构填报,由税务代理机构填写以下各框 | | |
|---|---|---|---|---|
| 会计主管(签章) | 经办人(签章) | 税务代理机构名称 | | 税务代理机构(公章) |
| | | 税务代理机构地址 | | |
| | | 代理人(签章) | | |

| 申报声明 | 此纳税申报表是根据国家税收法律的规定填报的,我确信它是真实的、可靠的、完整的。<br>申明人：<br>法定代表人(负责人)签字或盖章:(公章) | 以下由税务机关填写 | |
|---|---|---|---|
| | | 受理日期 | 受理人 |
| | | 审核日期 | 审核人 |
| | | 审核记录 | |

## 项目八 | 企业纳税综合实训

### 一、实训目标

（1）正确计算企业所涉税种的应纳税额。

（2）掌握企业所涉税种纳税申报表的填列及申报。

### 二、实训过程

结合企业资料，完成企业当月各纳税申报表的填列及申报。

### 三、实训资料

纳税人名称：贵州醉美酒业股份有限公司

纳税人识别号：915201021615 12××××

公司成立时间：20××年1月20日

经济性质：股份有限公司

注册资本：500万元

股东信息：张××（法人代表，身份证520101196511 12××××）投资比例60%；李××（身份证520101196505 06××××）投资比例40%

开户银行：建设银行贵阳省府路支行

银行账号：845018806××××

注册地址：贵阳市省府路58号

电话号码：0851-8123××××

所属行业：1512 酒的制造

注册类型：160 股份有限公司

会计主管：易×

适用的会计准则：企业会计准则（一般企业）

会计核算软件：用友

记账本位币：人民币

会计政策和估计是否发生变化：否

固定资产折旧方法：年限平均法

存货成本计价方法：先进先出法

坏账损失核算方法：备抵法

企业主要生产、销售白酒、啤酒和果酒，具体的商品情况见企业商品批发价格一览表（见表8-1）。

表8-1 企业生产销售商品批发价格一览表

| 类别 | 商品名称 | 型号 | 单位 | 批发价（不含税） | 备注 |
|------|----------|------|------|------------------|------|
| 白酒 | 醉美醇 | 38度 | 箱 | 420元 | 每箱6瓶，每瓶500g |
| | 醉美醇 | 45度 | 箱 | 480元 | 每箱6瓶，每瓶500g |
| | 醉美醇 | 56度 | 箱 | 520元 | 每箱6瓶，每瓶500g |
| 啤酒（甲类） | 醉美凉爽 | 7度 | 箱 | 21元 | 每箱12瓶，每瓶500ml，重500g |
| | 醉美劲爽 | 9度 | 箱 | 24元 | 每箱12瓶，每瓶500ml，重500g |
| | 醉美纯生 | 9度 | 箱 | 60元 | 每箱12瓶，每瓶500ml，重500g |
| 其他酒 | 醉美菠萝酒 | 5度 | 箱 | 72元 | 每箱24瓶，每瓶250ml |
| | 醉美苹果酒 | 5度 | 箱 | 96元 | 每箱24瓶，每瓶250ml |
| | 醉美芒果酒 | 5度 | 箱 | 120元 | 每箱24瓶，每瓶250ml |

所购买固定资产均在当月投入使用。

纳税人需申报缴纳的税种包括：印花税、增值税、消费税、流转税随征税费、个人所得税、企业所得税等企业生产经营过程中涉及的税费，其中城建税7%，教育费附加执行3%征收率，地方教育费附加执行2%征收率。

公司各税种均已按时足额申报纳税，其中2017年7月初有上期留抵进项税额为50万元。

**2017年7月经济业务如下**

【业务1】1日，向贵阳市烟酒公司销售白酒（56度）1600箱，不含税价为520元/箱，货已发，款未收，但公司已向对方开具了增值税专用发票（见表8-2）。

表 8-2

贵阳增值税专用发票 NO 00113411

开票日期：2017年7月1日

| 购买方 | 名 称：贵阳市烟酒公司 纳税人识别号：52011440831XXXX 地址、电话：贵阳市中华北路6号 08518243XXXX 开户行及账号：工行贵阳市云岩支行 240200030900897XXXX | 密码区 | 67/*3*0/611**+0/0*/*+3+2/9 *11*+66666**066611*+66666* 1**+216***6000*261*2*4*547 203994+-42*64151*6915361/3* |

| 货物或应税劳务、服务名称 | 规格型号 | 单位 | 数量 | 单价 | 金额 | 税率 | 税额 |
|---|---|---|---|---|---|---|---|
| 白酒 醇美醇 | 56度 | 箱 | 1600 | 520.00 | 832000.00 | 17% | 141440.00 |
| 合 计 | | | | | ¥ 832000.00 | | ¥ 141440.00 |

价税合计（大写）：玖拾柒万叁仟肆佰肆拾元整 （小写）¥ 973440.00

| 销售方 | 名 称：贵州醇美酒业股份有限公司 纳税人识别号：91520102161512XXXX 地址、电话：贵阳市省府路58号 0851-8123XXXX 开户行及账号：建行贵阳市省府路支行 845018806XXXX | 备注 | 贵州醇美酒业股份有限公司 915201021615125681 发票专用章 |

收款人： 复核：张X 开票人：邓X 销售方：

【业务2】2日，向贵州华祥贸易公司销售纯生啤酒 23000 箱，不含税价为 60 元/箱，货已发，开具了增值税专用发票。另外收取包装物木箱子租金 25740 元，开具了增值税普通发票。上述款项均已收存本公司中国建设银行账户（见表 8-3、表 8-4）。

表 8-3

## 进账单(收账通知)

3

2017 年7 月2 日

| 出票人 | 全 称 | 贵州华祥贸易公司 | 收款人 | 全 称 | 贵州醇美酒业股份有限公司 | | | | | | | | | | |
|---|---|---|---|---|---|---|---|---|---|---|---|---|---|---|
| | 账 号 | 845029806XXXX | | 账 号 | 845018806XXXX | | | | | | | | | | |
| | 开户银行 | 建设银行新华路支行 | | 开户银行 | 建设银行贵阳省府路支行 | | | | | | | | | | |
| 金额 | 人民币（大写） | 壹佰陆拾肆万零肆佰壹拾元整 | | | | 千 | 百 | 十 | 万 | 千 | 百 | 十 | 元 | 角 | 分 |
| | | | | | | | 1 | 6 | 4 | 0 | 3 | 4 | 0 | 0 | 0 |
| 票据种类 | | | 票据张数 | | | | | | | | | | | | |
| 票据号码 | | | | | | | | | | | | | | | |
| | | 复核 | | 记账 | | | | | | | | | | | |

建设银行贵阳省府路支行
2017.07.02
业务办讫章（04）

此联是收款人开户银行给收款人的收账通知

表8-4

贵州增值税专用发票 NO 00113412

开票日期:2017年7月2日

| 购买方 | 名 称: | 贵州华祥贸易公司 | | | | 密码区 | 67/*+3*0/611*+0/+0*/*+3+2/9 |
|---|---|---|---|---|---|---|---|
| | 纳税人识别号: | 52011430833×××× | | | | | *11*+66666**066611+*66666* |
| | 地址、电话: | 贵阳市新华路6号 08518242×××× | | | | | 1**+216***6000*261*2*4/*547 |
| | 开户行及账号: | 建行贵阳市新华路支行 845029806×××× | | | | | 203994*-42*64151*6915361/3* |

| 货物或应税劳务、服务名称 | 规格型号 | 单位 | 数量 | 单价 | 金额 | 税率 | 税额 |
|---|---|---|---|---|---|---|---|
| 啤酒 醉美纯生 | | 箱 | 23000 | 60.00 | 1380000.00 | 17% | 234600.00 |
| 包装木箱租金 | | 次 | 1 | | 22000.00 | 17% | 3740.00 |
| 合 计 | | | | | ¥ 1402000.00 | | ¥ 238340.00 |
| 价税合计(大写) | | 壹佰陆拾肆万零叁佰肆拾元整 | | | | (小写) ¥ 1640340.00 | |

| 销售方 | 名 称: | 贵州醇美酒业股份有限公司 | 备注 | |
|---|---|---|---|---|
| | 纳税人识别号: | 915201021615125681 | | |
| | 地址、电话: | 贵阳市省府路58号 0851-8123×××× | | |
| | 开户行及账号: | 建行贵阳市省府路支行 845018806×××× | | |

收款人: 复核:张× 开票人:邓× 销售方:

第一联:记账联 销售方记账凭证

国税函 [2014] 257 号浙江印业厂

【业务3】5日,向贵州华祥贸易公司销售白酒(56度)1400箱,不含税价为520元/箱,货已发,开具了增值税专用发票。另外收取包装物木箱子押金7254元,开具了押金收据。上述款项均已收存本公司中国建设银行账户(见表8-5至表8-7)。

表8-5

## 进账单(收账通知) 3

2017 年 07 月 05 日

| 出票人 | 全 称 | 贵州华祥贸易公司 | 收款人 | 全 称 | 贵州醇美酒业股份有限公司 |
|---|---|---|---|---|---|
| | 账 号 | 845029806×××× | | 账 号 | 845018806×××× |
| | 开户银行 | 建设银行新华路支行 | | 开户银行 | 建设银行贵阳省府路支行 |

| 金额 | 人民币(大写) | 捌拾伍万玖仟零壹拾肆元整 | 千 百 十 万 千 百 十 元 角 分 |
|---|---|---|---|
| | | | ¥ 8 5 9 0 1 4 0 0 |

| 票据种类 | | 票据张数 | |
|---|---|---|---|
| 票据号码 | | | |

复核 记账

2017. 07. 05

此联是收款人开户银行的收账通知交给收款人

表 8-6

表 8-7

【业务4】5日，采购部向贵阳玻璃厂购进酒瓶 B001 型号的 520000 只，每只不含税价为 1 元，酒瓶 B002 型号的 3500000 只，每只不含税价为 0.1 元。货已到，款已用银行存款（公司建设银行账户）转账支付，并取得了增值税专用发票。另外发生运费 58000 元（含税），已用银行存款（公司建设银行账户）转账支付，并取得了贵阳时代运输有限公司开具的货物运输业增值税专用发票（见表 8-8 至表 8-11）。

表 8-8

中国建设银行
转账支票存根
IX 83069401

科　　目：
对方科目：
签发日期：2017 年 7 月 5 日

| 收款人： | 贵阳玻璃厂 |
| 金　额： | ¥1017900.00 |
| 用　途： | 购酒瓶 |

单位主管　　　　　　会计

表 8-9

5201005201　　　　贵州增值税专用发票　　NO 00113201

开票日期:2017年7月5日

| 购买方 | 名　称： | 贵州醉美酒业股份有限公司 | | | 密码区 | 67/*+3*0/611*++0/+0*/*+3+2/9 | | |
| | 纳税人识别号： | 91520102161512XXXX | | | | *11*+66666*066611*+66666* | | |
| | 地址、电话： | 贵阳市省府路58号0851-8123XXXX | | | | 1**+216***6000*261*2*4/*547 | | |
| | 开户行及账号： | 建设银行贵阳省府路支行845018806XXXX | | | | 203994+-42*64151*6915361/3* | | |
| 货物或应税劳务、服务名称 | 规格型号 | 单位 | 数量 | 单价 | 金额 | 税率 | 税额 |
| 酒瓶 | B001 | 只 | 520000 | 1.00 | 520000.00 | 17% | 88400.00 |
| 酒瓶 | B002 | 只 | 3500000 | 0.10 | 350000.00 | 17% | 59500.00 |
| 合　计 | | | | | ¥ 870000.00 | | ¥ 147900.00 |
| 价税合计（大写） | | 壹佰零壹万柒仟玖佰元整 | | | （小写）　¥ 1017900.00 | | |
| 销售方 | 名　称： | 贵阳玻璃厂 | | | 备注 | | | |
| | 纳税人识别号： | 52010111056XXXX | | | | | | |
| | 地址、电话： | 贵阳市小河区开发大道99号 0851-8381XXXX | | | | | | |
| | 开户行及账号： | 农业银行贵阳小河分理处 645002XXXX | | | | | | |
| 收款人： | | 复核： | | 开票人：雷X | | 销售方： | | |

152

表 8-10

中国建设银行
转账支票存根
ⅨⅩ83069402

科　目：
对方科目：
签发日期：2017 年 7 月 5 日

收款人：贵阳时代运输有限公司
金　额：¥58000.00
用　途：运费

单位主管　　　　　　会计

表 8-11

货物运输业增值税专用发票　No

开票日期:2017年7月5日

| 承运人及纳税人识别号 | 贵阳时代运输有限公司 52010015151××× | | 密码区 | >/59220556+4/75>+980/>/59220556+4/75 |
|---|---|---|---|---|
| | | | | >/59220556+4/75>+980/>/59220556+4/75 |
| 实际受票方及纳税人识别号 | 贵州醉美酒业股份有限公司 91520102161512×××× | | | >/59220556+4/75>+980/>/59220556+4/75 |
| | | | | >/59220556+4/75>+980/>/59220556+4/75 |
| 收货人及纳税人识别号 | 贵州醉美酒业股份有限公司 91520102161512×××× | 发货人及纳税人识别号 | | 贵阳玻璃厂 520101111056×××× |

| 起运地、经由、到达地 | | | | |
|---|---|---|---|---|
| 费用项目及金额 | 费用项目 | 金额 | 费用项目 | 金额 | 运输货物信息 |
| | 运费 | 52252.25 | | | |

| 合计金额 | 52252.25 | 税率 | 11% | 税额 | 5747.75 | 机器编号 | 6899170998088 |
|---|---|---|---|---|---|---|---|
| 价税合计（大写） | 伍万捌仟元整 | | | | （小写）¥58000.00 | | |

| 车种车号 | | 车船吨位 | | 备注 | |
|---|---|---|---|---|---|
| 主管税务机关及代码 | 贵阳市小河区国家税务局 520103001 | | | | |

收款人：　　　复核人：　　　开票人：　　　承运人：

520100151512456
发票专用章

【业务 5】10 日，缴纳固定电话费合计 15000 元（其中厂部 7000 元，销售部门 5000 元，生产部门 3000 元），已通过建行账户转账支付该笔款项，取得贵州电信公司贵阳分公司开具的当期发票（见表 8-12、表 8-13）。

表 8-12

贵州增值税专用发票　NO 03534820

开票日期：2017年7月10日

| 购买方 | 名称：贵州醉美酒业股份有限公司 | | | | | | |
|---|---|---|---|---|---|---|---|
| | 纳税人识别号：9152010216151 2××× | | | | | | |
| | 地址、电话：贵阳市省府路58号0851-8123×××× | | | | | | |
| | 开户行及账号：建设银行贵阳省府路支行845018806×××× | | | | | | |

密码区：
67/*+3*0/611*+0/+0*/*+3+2/9
*11*+66666**066611*+66666*
1**+216***6000*261*2*4/*547
203994+-42*64151*6915361/3*

| 货物或应税劳务、服务名称 | 规格型号 | 单位 | 数量 | 单价 | 金额 | 税率 | 税额 |
|---|---|---|---|---|---|---|---|
| 语音服务收入 | 基础服务 | | 1 | 13513.51 | 13513.51 | 11% | 1486.49 |
| 合　计 | | | | | ￥ 13513.51 | | ￥ 1486.49 |

价税合计（大写）　壹万伍仟元整　（小写）￥ 15000.00

| 销售方 | 名称：贵州电信公司贵阳分公司 |
|---|---|
| | 纳税人识别号：52010115864×××× |
| | 地址、电话：贵阳市中华路1号 0851-8521×××× |
| | 开户行及账号：工行贵阳市南明支行 240200900010892×××× |

备注：

收款人：　　复核：　　开票人：雷×　　销售方：（章）发票专用章

表 8-13　　　**2017 年 7 月贵州醉美酒业股份有限公司电话费分割单**

| 序号 | 部门名称 | 费用 |
|---|---|---|
| 1 | 厂部 | 7000.00 |
| 2 | 销售部 | 5000.00 |
| 3 | 生产部 | 3000.00 |
| | 合计 | 15000.00 |

【业务6】12 日，向贵阳华中科技开发有限公司（纳税人识别号 52019999900 ××××）销售醉美醇（38 度）220 箱，不含税单价 420 元/箱，开具增值税专用发票，发票上注明通过银行转账收款，货已发出（见表 8-14）。

【业务7】12 日，向贵州天成实业有限公司（52019999900××××）销售醉美醇（56 度）80 箱，不含税价 520 元/箱，开具增值税专用发票，发票上注明通过银行转账收款，货已发出（见表 8-15）。

表 8-14

**5201005201**　贵州增值税专用发票　NO 00113414

开票日期：2017年7月12日

| | 名　称： | 贵阳华中科技开发有限公司 | | | | 67/*+3*0/611*++0/+0*/*+3+2/9 | | | |
|---|---|---|---|---|---|---|---|---|---|
| 购买方 | 纳税人识别号： | 52019999900××× | | | 密码区 | *11+*66666**066611+*66666* | | | |
| | 地址、电话： | 贵阳市北京路8号 08518663×××× | | | | 1**+216***6000*261*2*4/*547 | | | |
| | 开户行及账号： | 工行贵阳市八鸽岩支行 240200020800677×××× | | | | 203994+-42*64151*6915361/3* | | | |

| 货物或应税劳务、服务名称 | 规格型号 | 单位 | 数量 | 单价 | 金额 | 税率 | 税额 |
|---|---|---|---|---|---|---|---|
| 白酒 醉美醇 | 38度 | 箱 | 220 | 420.00 | 92400.00 | 17% | 15708.00 |
| 合　计 | | | | | ¥ 92400.00 | | ¥ 15708.00 |

价税合计（大写）　壹拾万捌仟壹佰零捌元整　　（小写）¥ 108108.00

| | 名　称： | 贵州醉美酒业股份有限公司 | | 银行转账收款 |
|---|---|---|---|---|
| 销售方 | 纳税人识别号： | 915201021615l2×××× | 备注 | |
| | 地址、电话： | 贵阳市省府路58号 0851-8123×××× | | |
| | 开户行及账号： | 建行贵阳市省府路支行 845018806×××× | | |

收款人：　　　复核：张×　　　开票人：邓×　　　销售方：（章）

---

表 8-15

**5201005201**　贵州增值税专用发票　NO 00113415

开票日期：2017年7月12日

| | 名　称： | 贵州天成实业有限公司 | | | | 67/*+3*0/611*++0/+0*/*+3+2/9 | | | |
|---|---|---|---|---|---|---|---|---|---|
| 购买方 | 纳税人识别号： | 52019999900××× | | | 密码区 | *11+*66666**066611+*66666* | | | |
| | 地址、电话： | 贵阳市石林路9号 08518412×××× | | | | 1**+216***6000*261*2*4/*547 | | | |
| | 开户行及账号： | 工行贵阳市金阳支行 24010002090067 9×××× | | | | 203994+-42*64151*6915361/3* | | | |

| 货物或应税劳务、服务名称 | 规格型号 | 单位 | 数量 | 单价 | 金额 | 税率 | 税额 |
|---|---|---|---|---|---|---|---|
| 白酒 醉美醇 | 56度 | 箱 | 80 | 520.00 | 41600.00 | 17% | 7072.00 |
| 合　计 | | | | | ¥ 41600.00 | | ¥ 7072.00 |

价税合计（大写）　肆万捌仟陆佰柒拾贰元整　　（小写）¥ 48672.00

| | 名　称： | 贵州醉美酒业股份有限公司 | | 银行转账收款 |
|---|---|---|---|---|
| 销售方 | 纳税人识别号： | 915201021615l2×××× | 备注 | |
| | 地址、电话： | 贵阳市省府路58号 0851-8123×××× | | |
| | 开户行及账号： | 建行贵阳市省府路支行 845018806×××× | | |

收款人：　　　复核：张×　　　开票人：邓×　　　销售方：（章）

【业务8】12 日，向贵阳市烟酒公司销售白酒（56 度）4800 箱，货已发，款已收存本公司中国建设银行账户，并开具了一张增值税专用发票，发票上注明原价为 2496000 元，商业折扣额为 96000 元（见表 8-16、表 8-17）。

表 8-16

**进账单(收账通知)**

2017 年 7 月 12 日　　　　　　　　　　　　　3

| 出票人 | 全 称 | 贵阳市烟酒公司 | | 收款人 | 全 称 | 贵州憫美酒业股份有限公司 | | | | | | | | | |
|---|---|---|---|---|---|---|---|---|---|---|---|---|---|---|---|
| | 账 号 | 240200030897×××× | | | 账 号 | 845018806×××× | | | | | | | | | |
| | 开户银行 | 工行贵阳市云岩支行 | | | 开户银行 | 建设银行贵阳省府路支行 | | | | | | | | | |
| 金 额 | 人民币(大写) | 贰佰捌拾万捌仟元整 | | | | | 千 | 百 | 十 | 万 | 千 | 百 | 十 | 元 | 角 | 分 |
| | | | | | | | | 2 | 8 | 0 | 8 | 0 | 0 | 0 | 0 | 0 |
| 票据种类 | | | 票据张数 | | | | | | | | | | | | |
| 票据号码 | | | | | | | | | | | | | | | |
| | | 复核 | | 记账 | | | | | | | | | | | |

2017-07-12

表 8-17

**5201005201**

**贵州增值税专用发票**　　NO 00113416

开票日期:2017年7月12日

| 购买方 | 名 称：贵阳市烟酒公司 纳税人识别号：52011440831×××× 地址、电话：贵阳市中华北路6号 08518243×××× 开户行及账号：工行贵阳市云岩支行 240200030900897×××× | 密码区 | 67/*+3*0/611*++0/0*/*+3+2/9 *11*+66666*'066611*+66666* 1**+216*+6000*261*2*4*547 203994-42*64151*6915361/3* |
|---|---|---|---|

| 货物或应税劳务、服务名称 | 规格型号 | 单位 | 数量 | 单价 | 金 额 | 税率 | 税 额 |
|---|---|---|---|---|---|---|---|
| 白酒 醉美醇 | 56度 | 箱 | 4800 | 520.00 | 2496000.00 | 17% | 424320.00 |
| | | | | | -96000.00 | 17% | -16320.00 |
| 合 计 | | | | | ¥ 2400000.00 | | ¥ 408000.00 |
| 价税合计(大写) | 贰佰捌拾万捌仟元整 | | | | (小写) ¥ 2808000.00 | | |

| 销售方 | 名 称：贵州憫美酒业股份有限公司 纳税人识别号：91520102161512×××× 地址、电话：贵阳市省府路58号 0851-8123×××× 开户行及账号：建设银行贵阳省府路支行 845018806×××× | 备注 | 915201021615125681 发票专用章 |
|---|---|---|---|

收款人：阮艳　　复核：张×　　开票人：邓×　　销售方：

【业务 9】12 日，向贵州强盟实业股份有限公司（520019999900××××）销售啤酒醉美凉爽（7 度）500 箱，原价不含税价为 21 元/箱，本月对老客户进行打折回馈，给予 10%的商业折扣，已开具增值税专用发票并将原价与折扣开在同一份发票上，款项尚未收取（见表 8-18）。

表 8-18

| | | | | | | | 5201005201 | | | | | |

贵州增值税专用发票　NO 00113417

开票日期：2017年7月12日

| 购买方 | 名　称： | 贵州骆盟实业股份有限公司 | | | | 密码区 | 67/*+3*0/611*++0/0*/*+3+2/9<br>*11*+66666**066611*+66666*<br>1**+216***6000*261*2*4/*547<br>203994+-42*64151*6915361/3* | | | |
|---|---|---|---|---|---|---|---|---|---|---|
| | 纳税人识别号： | 520019999900××××　| | | | | | | | |
| | 地址、电话： | 贵阳市都匀路109号　08518412×××× | | | | | | | | |
| | 开户行及账号： | 工行贵阳市高新支行 240200030900679×××× | | | | | | | | |

| 货物或应税劳务、服务名称 | 规格型号 | 单位 | 数量 | 单价 | 金额 | 税率 | 税额 |
|---|---|---|---|---|---|---|---|
| 啤酒 醉美京冀 | 7度 | 箱 | 500 | 21.00 | 10500.00 | 17% | 1785.00 |
| | | | | | -1050.00 | 17% | -178.50 |
| 合　计 | | | | | ¥ 9450.00 | | ¥ 1606.50 |

| 价税合计（大写） | 壹万壹仟零伍拾陆元伍角整 | | （小写）¥ 11056.50 |
|---|---|---|---|

| 销售方 | 名　称： | 贵州醉美酒业股份有限公司 | 备注 |
|---|---|---|---|
| | 纳税人识别号： | 91520102161512×××× | |
| | 地址、电话： | 贵阳市省府路58号 0851-8123×××× | |
| | 开户行及账号： | 建行贵阳市省府路支行 845018806×××× | |

收款人：　　　复核：张×　　　开票人：邓×　　　销售方：（章）

【业务 10】12 日，向筑城凯歌日用杂货商行（52019999900××××）销售醉美醇（38 度）350 箱，不含税价为 420 元/箱，货已发。现金折扣条件为 2/10、n/30。本月 16 日开户行通知该笔款项到账（见表 8-19）。

表 8-19

5201005201

贵州增值税专用发票　NO 00113418

开票日期：2017年7月12日

| 购买方 | 名　称： | 筑城凯歌日用杂货商行 | | | | 密码区 | 67/*+3*0/611*++0/0*/*+3+2/9<br>*11*+66666**066611*+66666*<br>1**+216*6000*261*2*4/*547<br>203994+-42*64151*6915361/3* | | | |
|---|---|---|---|---|---|---|---|---|---|---|
| | 纳税人识别号： | 52019999900××××　| | | | | | | | |
| | 地址、电话： | 贵阳市新华路68号　08518552×××× | | | | | | | | |
| | 开户行及账号： | 工行贵阳市新华路支行 240200020800651×××× | | | | | | | | |

| 货物或应税劳务、服务名称 | 规格型号 | 单位 | 数量 | 单价 | 金额 | 税率 | 税额 |
|---|---|---|---|---|---|---|---|
| 白酒 醉美醇 | 38度 | 箱 | 350 | 420.00 | 147000.00 | 17% | 24990.00 |
| 合　计 | | | | | ¥ 147000.00 | | ¥ 24990.00 |

| 价税合计（大写） | 壹拾柒万壹仟玖佰玖拾元整 | | （小写）¥ 171990.00 |
|---|---|---|---|

| 销售方 | 名　称： | 贵州醉美酒业股份有限公司 | 备注 |
|---|---|---|---|
| | 纳税人识别号： | 91520102161512×××× | |
| | 地址、电话： | 贵阳市省府路58号 0851-8123×××× | |
| | 开户行及账号： | 建行贵阳市省府路支行 845018806×××× | |

收款人：　　　复核：张×　　　开票人：邓×　　　销售方：（章）

**【业务 11】**12 日,向贵州雅美特工贸有限公司(52019999900×××ד)销售货物清单资料如下,该业务已汇总开具增值税专用发票,款项通过银行转账收讫(见表 8-20、表 8-21)。

表 8-20

表 8-21

**销售货物或者提供应税劳务清单**

购买方名称：贵州雅美特工贸有限公司

销售方名称：贵州醉美酒业股份有限公司

所属增值税专用发票代码：5201005201　　　　号码：00113419　　　　共 1 页 第 1 页

| 序号 | 货物（劳务）名称 | 规格型号 | 单位 | 数量 | 单价 | 金额 | 税率 | 税额 |
|---|---|---|---|---|---|---|---|---|
| 1 | 醉美醇 | 38度 | 瓶 | 50 | 420.00 | 21000.00 | 17% | 3570.00 |
| 2 | 醉美醇 | 45度 | 瓶 | 30 | 480.00 | 14400.00 | 17% | 2448.00 |
| 3 | 醉美醇 | 56度 | 瓶 | 10 | 520.00 | 5200.00 | 17% | 884.00 |
| 4 | 醉美京爽 | 7度 | 瓶 | 280 | 21.00 | 5880.00 | 17% | 999.60 |
| 5 | 醉美劲爽 | 9度 | 瓶 | 300 | 24.00 | 7200.00 | 17% | 1224.00 |
| 6 | 醉美菠萝酒 | 5度 | 瓶 | 180 | 72.00 | 12960.00 | 17% | 2203.20 |
| 7 | 醉美果酒 | 5度 | 瓶 | 150 | 96.00 | 14400.00 | 17% | 2448.00 |
| 8 | 醉美芒果酒 | 5度 | 瓶 | 120 | 120.00 | 14400.00 | 17% | 2448.00 |
| 小计 | | | | | | 95440.00 | | 16224.80 |
| 总计 | | | | | | 95440.00 | | 16224.80 |

备注

销售方（章）：9152010216I5125681 发票专用章　　　　填开日期：2017 年 7 月 12 日

【**业务 12**】14 日，采购部向贵阳正益农产品贸易公司（增值税一般纳税人）购进小麦 85 吨、高粱 85 吨、谷子 85 吨、香蕉 85 吨、菠萝 85 吨。部分货款已用银行存款（公司建设银行账户）转账支付，货已验收入库，并取得了汇总开具的增值税专用发票及其销货清单（见表 8-22 至表 8-24）。

表 8-22

中国建设银行
转账支票存根
IX 83069403

科　　目：
对方科目：
签发日期：2017 年 7 月 14 日

| 收款人： | 贵阳正益农产品贸易公司 |
| 金　额： | ￥976800.00 |
| 用　途： | 购货 |

单位主管　　　　　　　　　会计

表 8-23

5201005201

贵州增值税专用发票　　NO 00133425

开票日期：2017年7月14日

| 购买方 | 名　称： | 贵州醉美酒业股份有限公司 | | | | 密码区 | 67/*+3*0/611*++0/+0*/*+3+2/9 *11*+66666*066611*+66666* 1**+216**6000*261*2*4/*547 203994+-42*64151*6915361/3* |
| | 纳税人识别号： | 91520102161512XXXX | | | | | |
| | 地址、电话： | 贵阳市省府路58号0851-8123XXXX | | | | | |
| | 开户行及账号： | 建设银行贵阳省府路支行845018806XXXX | | | | | |

| 货物或应税劳务、服务名称 | 规格型号 | 单位 | 数量 | 单价 | 金额 | 税率 | 税额 |
| 详见销售清单 | | | | | 880000.00 | 11% | 96800.00 |
| 合　计 | | | | | ￥ 880000.00 | | ￥ 96800.00 |

| 价税合计（大写） | 玖拾柒万陆仟捌佰元整 | | | | （小写）　￥ 976800.00 |

| 销售方 | 名　称： | 贵阳正益农产品贸易公司 | | | | 备注 | |
| | 纳税人识别号： | 52010116151XXXX | | | | | |
| | 地址、电话： | 贵阳市花溪区榆林路88号0851-8381XXXX | | | | | |
| | 开户行及账号： | 农业银行贵阳花溪支行632002XXXX | | | | | |

| 收款人： | 复核： | 开票人：郭X | 销售方： |

159

表 8-24

### 销售货物或者提供应税劳务清单

购买方名称：贵州醇美酒业股份有限公司

销售方名称：贵阳正益农产品贸易公司

所属增值税专用发票代码：5201005201 号码：00133425 共 1 页 第 1 页

| 序号 | 货物（劳务）名称 | 规格型号 | 单位 | 数量 | 单价 | 金额 | 税率 | 税额 |
|------|------------------|----------|------|------|------|------|------|------|
| 1 | 小麦 | | 吨 | 85 | 1035.3982 | 88008.85 | 11% | 9680.98 |
| 2 | 高粱 | | 吨 | 85 | 828.319 | 70407.12 | 11% | 7744.78 |
| 3 | 谷子 | | 吨 | 85 | 1242.478 | 105610.63 | 11% | 11617.17 |
| 4 | 香薯 | | 吨 | 85 | 4141.593 | 352035.4 | 11% | 38723.89 |
| 5 | 豌豆 | | 吨 | 85 | 3105.153 | 263938 | 11% | 29033.18 |
| 小计 | | | | | | 880000.00 | | 96800.00 |
| 总计 | | | | | | 880000.00 | | 96800.00 |

销售方（章）发票专用章 填开日期：2017 年 7 月 14 日

【业务 13】16 日，采购部向贵阳市酿酒设备销售有限公司（增值税一般纳税人）购进酿酒设备一套，不含税价为 360000 元，已用银行存款（公司建设银行账户）转账支付相关款项，并取得了增值税专用发票。同时通过建设银行账户转账支付运输费用 28000 元（含税），并取得了贵阳时代运输有限公司开具的货物运输业增值税专用发票。该设备于当月投入使用（见表 8-25 至表 8-28）。

表 8-25

中国建设银行
转账支票存根
IX 83069404

科　　目：
对方科目：
签发日期：2017 年 7 月 16 日

收款人：贵阳市酿酒设备销售有限公司

金　　额：￥421200.00

用　　途：购设备

单位主管　　　　　　　会计

表8-26

| | | | | | | | | |
|---|---|---|---|---|---|---|---|---|
| **5201005201** | 贵州增值税专用发票 | | | | NO 00133425 | | | |

开票日期:2017年7月14日

| 购买方 | 名　称: | 贵州醉美酒业股份有限公司 | | | | 密码区 | 67/*+3*0/611*++0/+0*/*+3+2/9<br>*11**+66666**066611*+66666*<br>1**+216*6000*261*2*4/*547<br>203994+-42*64151*6915361/3* | |
| | 纳税人识别号: | 91520102161512XXXX | | | | | | |
| | 地址、电话: | 贵阳市省府路58号0851-8123XXXX | | | | | | |
| | 开户行及账号: | 建设银行贵阳省府路支行845018806XXXX | | | | | | |

| 货物或应税劳务、服务名称 | 规格型号 | 单位 | 数量 | 单价 | 金额 | 税率 | 税额 |
|---|---|---|---|---|---|---|---|
| 酿酒机 | K75 | 套 | 1 | 360000.00 | 360000.00 | 17% | 61200.00 |
| 合　计 | | | | | ¥ 360000.00 | | ¥ 61200.00 |
| 价税合计(大写) | 肆拾贰万壹仟贰佰元整 | | | | (小写) ¥ 421200.00 | | |

| 销售方 | 名　称: | 贵阳市酿酒设备销售有限公司 | | 备注 | |
|---|---|---|---|---|---|
| | 纳税人识别号: | 52010121059XXXX | | | |
| | 地址、电话: | 贵阳市云岩区金惠路90号0851-8461XXXX | | | |
| | 开户行及账号: | 农业银行贵阳云岩支行 6322112XXXX | | | |

收款人:　　　　复核:　　　　开票人:春X　　　　销售方:　发票专用章

表8-27

中国建设银行
转账支票存根
IX 83069405

科　　　目:
对方科目:
签发日期: 2017 年 7 月 16 日

| 收款人: | 贵阳时代运输有限公司 |
|---|---|
| 金　额: | ¥28000.00 |
| 用　途: | 运费 |

单位主管　　　　　会计

**161**

表 8-28

货物运输业增值税专用发票　No03320446

开票日期: 2017年7月16日

| 承运人及纳税人识别号 | 贵阳时代运输有限公司 52010015151×××× | | 密码区 | >/59220556+4/75++980/>59220556+4/75 >/59220556+4/75++980/>59220556+4/75 |
|---|---|---|---|---|
| 实际受票方及纳税人识别号 | 贵州醉美酒业股份有限公司 91520102161512×××× | | | >/59220556+4/75++980/>59220556+4/75 >/59220556+4/75++980/>59220556+4/75 |
| 收货人及纳税人识别号 | 贵州醉美酒业股份有限公司 91520102161512×××× | 发货人及纳税人识别号 | | 贵阳市酿酒设备销售有限公司 52010121059×××× |

| 起运地、经由、到达地 | | | | | | |
|---|---|---|---|---|---|---|
| 费用项目及金额 | 费用项目 | 金额 | 费用项目 | 金额 | 运输货物信息 | |
| | 运费 | 25225.23 | | | | |
| | 合计金额 | 25225.23 | 税率 | 11% | 税额 | 2774.77 | 机器编号 | 6899170998088 |
| | 价税合计（大写）| 贰万捌仟元整 | | | | | (小写) | |
| | 车种车号 | | 车船吨位 | | 备注 | | |
| | 主管税务机关及代码 | 贵阳市小河区国家税务局 520103001 | | | | | |

收款人：　　　复核人：　　　开票人：　　　承运人（盖章）

---

**【业务 14】** 19 日，向贵阳世纪大酒店销售白酒（56 度）1300 箱，不含税价为 520 元/箱，已取得货款收存公司建设银行账户，并开具了增值税专用发票。另外，公司联络贵阳时代运输有限公司负责运输，以转账的方式（公司建设银行账户）支付含税运费 6200 元，取得了开具给本公司的货物运输业增值税专用发票（见表 8-29 至表 8-32）。

表 8-29

进账单（收账通知）　　　　3

2017 年7 月12 日

| 出票人 | 全称 | 贵阳世纪大酒店 | 收款人 | 全称 | 贵州醉美酒业股份有限公司 | 此联是收款人的收账通知开户银行交给收款人 |
|---|---|---|---|---|---|---|
| | 账号 | 823019905×××× | | 账号 | 845018806×××× | |
| | 开户银行 | 建设银行贵阳朝阳支行 | | 开户银行 | 建设银行贵阳省府路支行 | |
| 金额 | 人民币（大写）| 柒拾玖万零玖佰贰拾元整 | | | | 千7 百9 十0 万9 千2 百0 十0 元0 角0 分0 |
| 票据种类 | | | 票据张数 | | | |
| 票据号码 | | | | | | |

复核　　　记账

表 8-30

| 货物或应税劳务、服务名称 | 规格型号 | 单位 | 数量 | 单价 | 金额 | 税率 | 税额 |
|---|---|---|---|---|---|---|---|

贵州增值税专用发票　　NO 00113420

开票日期:2017年7月19日

| 购买方 | 名　称: | 贵阳世纪大酒店 | | 密码区 | 67/*+3*0/611*++0/+0*/*+3+2/9 |
| | 纳税人识别号: | 52011440831XXXX | | | *11*+66666**066611*+66666* |
| | 地址、电话: | 贵阳市道义路8号 8883XXXX | | | 1**+216***6000*261*2*4/*547 |
| | 开户行及账号: | 建设银行贵阳朝阳支行 823019905XXXX | | | 203994+-42*64151*6915361/3* |

| 货物或应税劳务、服务名称 | 规格型号 | 单位 | 数量 | 单价 | 金额 | 税率 | 税额 |
|---|---|---|---|---|---|---|---|
| 白酒 醉美醇 | 56度 | 箱 | 1300 | 520.00 | 676000.00 | 17% | 114920.00 |
| 合　计 | | | | | ￥ 676000.00 | | ￥ 114920.00 |

| 价税合计(大写) | ⊗柒拾玖万零佰玖佰贰拾元整 | | (小写) ￥ 790920.00 |
|---|---|---|---|

| 销售方 | 名　称: | 贵州醉美酒业股份有限公司 | 备注 |
| | 纳税人识别号: | 91520102161512XXXX | |
| | 地址、电话: | 贵阳市省府路58号 0851-8123XXXX | |
| | 开户行及账号: | 建行贵阳市省府路支行 845018806XXXX | |

收款人: 阮X　　复核: 张X　　开票人: 邓X　　销售方:

表 8-31

中国建设银行
转账支票存根
IX 83069406

科　　目:

对方科目:

签发日期: 2017 年 7 月 19 日

收款人: 贵阳时代运输有限公司

金　额: ￥6200.00

用　途: 运费

单位主管　　　　　会计

**163**

表 8-32

货物运输业增值税专用发票 No05400681

开票日期：2017年7月19日

| 承运人及纳税人识别号 | 贵阳时代运输有限公司 520100151511×××× | | | 密码区 | >/59220556+4/75>+980/>/59220556+4/75 >/59220556+4/75>+980/>/59220556+4/75 >/59220556+4/75>+980/>/59220556+4/75 >/59220556+4/75>+980/>/59220556+4/75 |
| 实际受票方及纳税人识别号 | 贵州醉美酒业股份有限公司 91520102161512×××× | | | | |
| 收货人及纳税人识别号 | 贵阳世纪大酒店 5201140831×××× | | 发货人及纳税人识别号 | 贵州醉美酒业股份有限公司 91520102161512×××× | |
| 起运地、经由、到达地 | | | | | |
| 费用项目及金额 | 费用项目 运费 | 金额 5585.59 | 费用项目 | 金额 | 运输货物信息 |
| 合计金额 | 5585.59 | 税率 11% | 税额 614.41 | 机器编号 | 6899170998088 |
| 价税合计（大写） | 陆仟贰佰元整 | | | （小写）￥6200.00 | |
| 车种车号 | | 车船吨位 | | 备注 | |
| 主管税务机关及代码 | 贵阳市小河区国家税务局 520103001 | | | | |

收款人： 复核人： 开票人： 承运人：

**【业务 15】** 28 日，工会将自产醉美纯生啤酒 56 箱作为福利发给职工个人（见表 8-33）。

表 8-33

## 产成品出库单

领用单位：**工会**　　　2017 年 7 月 28 日　　　编号：　1014009

| 产品名称 | 规格型号 | 计量单位 | 出库数量 | 备注 |
|---|---|---|---|---|
| 啤酒 | 醉美纯生 | 箱 | 56 | 单价40元/箱 |
| | | | | |
| | | | | |
| | | | | |
| | | | | |
| | | | | |

主管：　　审核：　陈× 　　保管：　李× 　　经手人：　柯×

**【业务 16】** 本月生产经营用水 27692.30 吨（其中车间 23076.92 吨，其余为行政管理部门耗用），不含税价格为 3 元/吨；企业生活用水 73.85 吨，不含税价格为 2 元/吨。已用银行存款（公司建设银行账户）转账支付相关款项，并取得了贵州贵阳供水有限公司开具的增值税专用发票（见表 8-34、表 8-35）。

表 8-34

```
中国建设银行
转账支票存根
Ⅸ 83069407

科      目：
对方科目：
签发日期：2017 年 7 月 28 日

收款人：贵州贵阳供水有限公司
金  额：￥92379.31
用  途：水费

单位主管          会计
```

表 8-35

| 货物或应税劳务、服务名称 | 规格型号 | 单位 | 数量 | 单价 | 金额 | 税率 | 税额 |
|---|---|---|---|---|---|---|---|
| 生产车间用水 | | 吨 | 23076.92 | 3 | 69230.76 | 11% | 7615.38 |
| 行政部门用水 | | 吨 | 4615.38 | 3 | 13846.14 | 11% | 1523.08 |
| 职工生活用水 | | 吨 | 73.85 | 2 | 147.70 | 11% | 16.25 |
| 合　计 | | | | | ￥ 83224.60 | | ￥ 9154.71 |

购买方　名称：贵州醇美酒业股份有限公司　纳税人识别号：91520102161512××××　地址、电话：贵阳市省府路58号 0851-8123××××　开户行及账号：建设银行贵阳省府路支行 845018806××××

5201005201　　N000327168　　开票日期：2017年7月28日

密码区：67/*+3*0/611*++0/+0*/*+3+2/9 *11*+66666**066611*+66666* 1**+216***6000*261*2*4/*547 203994+-42*64151*6915361/3*

价税合计（大写）玖万贰仟叁佰柒拾玖元叁角壹分　（小写）￥ 92379.31

销售方　名称：贵州贵阳供水有限公司　纳税人识别号：52010139800××××　地址、电话：贵阳市大营路78号 0851-8681××××　开户行及账号：农业银行贵阳云岩支行 6322112××××

收款人：　复核：张××　开票人：于×　销售方：（贵州贵阳供水有限公司 52010139800015420 发票专用章）

【业务 17】本月生产经营用电 26000 度（其中：生产车间耗用 24000 度，其余为行政管理部门耗用），每度 2 元；职工住宿用电 560 度，每度 0.6 元。已用银行存款（公司建设银行账户）转账支付相关款项，并取得了贵阳市电力公司开具的增值税专用发票（见表 8-36、表 8-37）。

表 8-36

```
中国建设银行
转账支票存根
IX 83069408

科      目：
对方科目：
签发日期： 2017 年 7 月 28 日

收款人：贵阳市电力公司
金  额：¥52336.00
用  途：电费

单位主管            会计
```

表 8-37

| 货物或应税劳务、服务名称 | 规格型号 | 单位 | 数量 | 单价 | 金额 | 税率 | 税额 |
|---|---|---|---|---|---|---|---|
| 生产车间用电 | | 度 | 24000 | 1.71 | 41025.64 | 17% | 6974.36 |
| 行政部门用电 | | 度 | 2000 | 1.71 | 3418.80 | 17% | 581.20 |
| 职工生活用电 | | 度 | 560 | 0.51 | 287.18 | 17% | 48.82 |
| 合  计 | | | | | ¥ 44731.62 | | ¥ 7604.38 |

开票日期：2017年7月28日

NO 00527890

购买方
名  称：贵州爵美酒业股份有限公司
纳税人识别号：915201022161512××××
地址、电话：贵阳市省府路58号0851-8123××××
开户行及账号：建设银行贵阳省府路支行845018806××××

价税合计（大写）：伍万贰仟叁佰叁拾陆元整  （小写）¥ 52336.00

销售方
名  称：贵阳市电力公司
纳税人识别号：52010139800××××
地址、电话：贵阳市南路8号 0851-8551××××
开户行及账号：农业银行贵阳新华支行 63551127××××

收款人：          复核：          开票人：张××          销售方：

【业务18】28日，公司为庆祝新研制的啤酒正式上线生产，总经理办公会决定将首批生产的100箱啤酒作为福利发放给职工个人，该啤酒为新产品，暂无市场售价。该啤酒成本为18元/箱，成本利润率为5%，包装采用每箱12瓶，每瓶500ml，每瓶重约为500g。

【业务19】30日，因管理不善，一批包装箱包装纸发生破损腐烂，金额为34566.77元，该笔材料为上月购入，进项税额在购入当月已抵扣（见表8-38）。

表8-38  　　　　　　　　　　　　　资产清查报告单

单位：贵州醉美酒业股份有限公司  　　　　　2017年7月31日

| 清查对象 | 小麦、高粱 | 存放地点 | 一仓库 |
|---|---|---|---|
| 清查人员 | 财务部张元、行政部刘向云 | | |
| 清查原因 | | | |
| 7月25日，存放在一仓库的产品包装发现有破损腐烂现象。 | | | |
| 清查结果 | | | |
| 7月25日，仓库管理员萧一金发现一仓库的包装箱包装纸出现霉变，经财务部会计张元、行政部刘向云联合清查，发变一仓库靠内墙体出现裂缝，库管员未能及时发现，导致较长一段时间内物货受到雨水侵蚀，出现霉变。<br><br>经清查统计，该批物资的金额为34566.77元。 | | | |
| 处理意见 | | | |
| 破损腐烂产品包装已无法使用，做废物处理，仓库管理员因管理不善，承担10%损失。 | | | |
| 清查人签字 | 张×、刘×× | | |
| 财务经理 | 易× | 总经理 | 方×× |

【业务20】公司非独立核算门市部主要顾客是直接消费者，销售商品均未开具发票，7月31日门市部负责人将7月份的销售统计表交回公司财务部（见表8-39）。

表8-39  　　　　　　　　　销售门市部7月份销售统计表

| 类别 | 商品名称 | 型号 | 销售量（瓶） | 销售收入（元） |
|---|---|---|---|---|
| 白酒 | 醉美醇 | 38度 | 705 | 70500 |
| | 醉美醇 | 45度 | 204 | 28800 |
| | 醉美醇 | 56度 | 141 | 23550 |
| 小计 | | | 1050 | 122850 |

续表

| 类别 | 商品名称 | 型号 | 销售量（瓶） | 销售收入（元） |
|------|---------|------|------------|--------------|
| 其他酒 | 醉美菠萝酒 | 5度 | 736 | 3680 |
| | 醉美苹果酒 | 5度 | 254 | 1524 |
| | 醉美芒果酒 | 5度 | 460 | 3220 |
| 小计 | | | 1450 | 8424 |

【业务21】计算 7 月份应缴纳的增值税（见表 8-40）。

表 8-40　　　　　　　　　　　　　　应缴增值税计算表

单位：贵州醉美酒业股份有限公司　　　2017 年 7 月 31 日　　　　　　　　　　单位：元

| 项　目 | 金额 |
|--------|------|
| 期初留抵税额 | |
| 销项税额 | |
| 进项税额 | |
| 进项税额转出 | |
| 应缴增值税 | |
| 期末留抵税额 | |

制单人：　　　　　　　　　　　　　　　审核人：

【业务22】计算 7 月份应缴纳的消费税（见表 8-41）。

表 8-41　　　　　　　　　　　　　　应缴消费税计算表

单位：贵州醉美酒业股份有限公司　　　2017 年 7 月 31 日　　　　　　　　　　单位：元

| 消费品 | 适用税率 | | 销售数量 | 销售额 | 应缴税额 |
|--------|---------|---------|---------|-------|---------|
| | 定额税率 | 比例税额 | | | |
| | | | | | |
| | | | | | |
| | | | | | |
| 小计 | | | | | |

制单人：　　　　　　　　　　　　　　　审核人：

【业务 23】计算 7 月应缴纳的城建税、教育费附加、地方教育费附加（见表 8-42）。

表 8-42　　　　　　　　　**应缴城市建设维护税与教育费附加计算表**

单位：贵州醉美酒业股份有限公司　　　2015 年 7 月 31 日　　　　　　　　　　单位：元

| 税种 | 适用税率 | 计税金额 | 税率 | 应缴税额 |
|---|---|---|---|---|
| 城建税 | 增值税 | | 7% | |
| | 消费税 | | 7% | |
| | 小计 | | | |
| 教育费附加 | 增值税 | | 3% | |
| | 消费税 | | 3% | |
| | 小计 | | | |
| 地方教育费附加 | 增值税 | | 2% | |
| | 消费税 | | 2% | |
| | 小计 | | | |

制单人：　　　　　　　　　　　　审核人：

【业务 24】贵州醉美酒业股份有限公司共有 115 名员工，其中 10 名员工的工资在 3500 元以上，有全年一次性奖金。其余员工的月工资均在 3500 元以下。2017 年 7 月 31 日发放工资，请根据这 10 名员工的收入计算其应缴纳的个人所得税（见表 8-43、表 8-44）。

表 8-43　　　　　　　　　　**2017 年 7 月工资薪金明细表**

| 姓名 | 应发工资 | 基本养老保险金 | 基本医疗保险金 | 失业保险金 | 住房公积金 |
|---|---|---|---|---|---|
| 张正凯 | 18000.00 | 1440.00 | 360.00 | 180.00 | 1800.00 |
| 陈爱国 | 16000.00 | 1280.00 | 320.00 | 160.00 | 1600.00 |
| 易元 | 15800.00 | 1264.00 | 316.00 | 158.00 | 1580.00 |
| 何伟 | 14000.00 | 1120.00 | 280.00 | 140.00 | 1400.00 |

续表

| 姓名 | 应发工资 | 基本养老保险金 | 基本医疗保险金 | 失业保险金 | 住房公积金 |
|------|---------|--------------|--------------|----------|-----------|
| 罗智 | 9800.00 | 784.00 | 196.00 | 98.00 | 980.00 |
| 杨柳 | 8980.00 | 718.40 | 179.60 | 89.80 | 898.00 |
| 叶青宜 | 8800.00 | 704.00 | 176.00 | 88.00 | 880.00 |
| 许娟 | 7800.00 | 624.00 | 156.00 | 78.00 | 780.00 |
| 林一海 | 6800.00 | 544.00 | 136.00 | 68.00 | 680.00 |
| 刘霆 | 6000.00 | 480.00 | 120.00 | 60.00 | 600 |

表 8-44  全年一次性奖金收入明细表

| 姓名 | 全年一次性奖金 | 备注 |
|------|--------------|------|
| 张正凯 | 18000.00 | |
| 陈爱国 | 16000.00 | |
| 易元 | 15800.00 | |
| 何伟 | 14000.00 | |
| 罗智 | 9800.00 | |
| 杨柳 | 8980.00 | |
| 叶青宜 | 8800.00 | |
| 许娟 | 7800.00 | |
| 林一海 | 6800.00 | |
| 刘霆 | 6000.00 | |

## 四、根据上述【业务 1】至【业务 24】完成下列纳税申报表的填报

（见表 8-45 至表 8-54）

表 8-45

## 增值税纳税申报表

### （一般纳税人适用）

根据国家税收法律法规及增值税相关规定制定本表。纳税人不论有无销售额，均应按税务机关核定的纳税期限填写本表，并向当地税务机关申报。

税款所属时间：自　　年　　月　　日至　　年　　月　　日　　填表日期：　　年　　月　　日

金额单位：元至角分

| 纳税人识别号 | | | | |
|---|---|---|---|---|
| 纳税人名称 | （公章） | | 所属行业： | |
| 开户银行及账号 | 法定代表人姓名 | 注册地址 | | 生产经营地址 |
| | 登记注册类型 | | 电话号码 | |

| 项　目 | 栏次 | 一般项目 | | 即征即退项目 | |
|---|---|---|---|---|---|
| | | 本月数 | 本年累计 | 本月数 | 本年累计 |
| （一）按适用税率计税销售额 | 1 | | | | |
| 其中：应税货物销售额 | 2 | | | | |
| 应税劳务销售额 | 3 | | | | |
| 纳税检查调整的销售额 | 4 | | | | |
| （二）按简易办法计税销售额 | 5 | | | | |
| 其中：纳税检查调整的销售额 | 6 | | | | |
| （三）免、抵、退办法出口销售额 | 7 | | | — | — |
| （四）免税销售额 | 8 | | | — | — |
| 其中：免税货物销售额 | 9 | | | — | — |
| 免税劳务销售额 | 10 | | | — | — |

销售额

**171**

| 项目 | | 栏次 | 一般项目 | | 即征即退项目 | |
|---|---|---|---|---|---|---|
| | | | 本月数 | 本年累计 | 本月数 | 本年累计 |
| 税款计算 | 销项税额 | 11 | | | | |
| | 进项税额 | 12 | | | | |
| | 上期留抵税额 | 13 | | | | — |
| | 进项税额转出 | 14 | | | | |
| | 免、抵、退应退税额 | 15 | | | | — |
| | 按适用税率计算的纳税检查应补缴税额 | 16 | | | | — |
| | 应抵扣税额合计 | 17=12+13-14-15+16 | | — | | |
| | 实际抵扣税额 | 18(若17<11,则为17,否则为11) | | | — | — |
| | 应纳税额 | 19=11-18 | | | | |
| | 期末留抵税额 | 20=17-18 | | | — | |
| | 简易计税办法计算的应纳税额 | 21 | | | | |
| | 按简易计税办法计算的纳税检查应补缴税额 | 22 | | | — | |
| | 应纳税额减征额 | 23 | | | | |
| | 应纳税额合计 | 24=19+21-23 | | | | |

| 项　目 | 栏次 | 一般项目 | | 即征即退项目 | |
|---|---|---|---|---|---|
| | | 本月数 | 本年累计 | 本月数 | 本年累计 |
| 期初未缴税额（多缴为负数） | 25 | | | | — |
| 实收出口开具专用缴款书退税额 | 26 | | | — | — |
| 本期已缴税额 | 27=28+29+30+31 | | | | |
| ①分次预缴税额 | 28 | | — | | — |
| ②出口开具专用缴款书预缴税额 | 29 | | — | — | — |
| ③本期缴纳上期应纳税额 | 30 | | | | |
| ④本期缴纳欠缴税额 | 31 | | — | | — |
| 期末未缴税额（多缴为负数） | 32=24+25+26-27 | | | | |
| 其中：欠缴税额（≥0） | 33=25+26-27 | — | — | | — |
| 本期应补（退）税额 | 34=24-28-29 | — | — | | — |
| 即征即退实际退税额 | 35 | | — | | — |
| 期初未缴查补税额 | 36 | | | — | — |
| 本期入库查补税额 | 37 | | | — | — |
| 期末未缴查补税额 | 38=16+22+36-37 | | | | |

授权声明

如果你已委托代理人申报，请填写下列资料：

为代理一切税务事宜，现授权
（地址）　　　　　为本纳税人的代理申报人，任何与本申报表有关的往来文件，都可寄予此人。

授权人签字：

申报人声明

本纳税申报表是根据国家税收法律法规及相关规定填报的，我确定它是真实的、可靠的、完整的。

声明人签字：

主管税务机关：　　　　接收人：　　　　接收日期：

表8-46

**增值税纳税申报表附列资料（一）**

（本期销售情况明细）

税款所属时间：　年　月　日至　年　月　日

纳税人名称：　　　　　　　　　　　（公章）

金额单位：元至角分

| 项目及栏次 | | | 开具增值税专用发票 | | 开具其他发票 | | 未开具发票 | | 纳税检查调整 | | 合计 | | | 服务、不动产和无形资产扣除项目本期实际扣除金额 | 扣除后 | |
|---|---|---|---|---|---|---|---|---|---|---|---|---|---|---|---|---|
| | | | 销售额 | 销项（应纳）税额 | 销售额 | 销项（应纳）税额 | 销售额 | 销项（应纳）税额 | 销售额 | 销项（应纳）税额 | 销售额 | 销项（应纳）税额 | 价税合计 | | 含税（免税）销售额 | 销项（应纳）税额 |
| | | | 1 | 2 | 3 | 4 | 5 | 6 | 7 | 8 | 9=1+3+5+7 | 10=2+4+6+8 | 11=9+10 | 12 | 13=11-12 | 14=13÷(100%+税率或征收率)×税率或征收率 |
| 一般计税方法计税 | 全部征税项目 | 17%税率的货物及加工修理修配劳务 | 1 | | | | | | | | | | | | | | |
| | | 17%税率的服务、不动产和无形资产 | 2 | | | — | — | | | | | | | — | — | — | — |
| | | 13%税率 | 3 | | | | | | | | | | | | | | |
| | | 11%税率 | 4 | | | — | — | | | | | | | — | — | — | — |
| | | 6%税率 | 5 | | | — | — | | | | | | | — | — | — | — |
| | 其中：即征即退项目 | 即征即退货物及加工修理修配劳务 | 6 | | | | | | | | | | | | — | | — |
| | | 即征即退服务、不动产和无形资产 | 7 | | | — | — | | | | | | | | — | | — |

表 8-47         **增值税纳税申报表附列资料(二)**

(本期进项税额明细)

税款所属时间：年　　月　　日至　　年　　月　　日

纳税人名称：(公章)                           金额单位:元至角分

| 一、申报抵扣的进项税额 | | | | |
|---|---|---|---|---|
| 项　目 | 栏次 | 份数 | 金额 | 税额 |
| (一)认证相符的增值税专用发票 | 1=2+3 | | | |
| 其中:本期认证相符且本期申报抵扣 | 2 | | | |
| 前期认证相符且本期申报抵扣 | 3 | | | |
| (二)其他扣税凭证 | 4=5+6+7+8 | | | |
| 其中:海关进口增值税专用缴款书 | 5 | | | |
| 农产品收购发票或者销售发票 | 6 | | | |
| 代扣代缴税收缴款凭证 | 7 | | — | |
| 其他 | 8 | | | |
| (三)本期用于购建不动产的扣税凭证 | 9 | | | |
| (四)本期不动产允许抵扣进项税额 | 10 | — | | |
| (五)外贸企业进项税额抵扣证明 | 11 | — | — | |
| 当期申报抵扣进项税额合计 | 12=1+4-9+10+11 | | | |
| 二、进项税额转出额 | | | | |
| 项　目 | 栏次 | 税额 | | |
| 本期进项税额转出额 | 13=14至23之和 | | | |
| 其中:免税项目用 | 14 | | | |
| 集体福利、个人消费 | 15 | | | |
| 非正常损失 | 16 | | | |
| 简易计税方法征税项目用 | 17 | | | |
| 免抵退税办法不得抵扣的进项税额 | 18 | | | |
| 纳税检查调减进项税额 | 19 | | | |
| 红字专用发票信息表注明的进项税额 | 20 | | | |
| 上期留抵税额抵减欠税 | 21 | | | |
| 上期留抵税额退税 | 22 | | | |
| 其他应作进项税额转出的情形 | 23 | | | |

续表

| 三、待抵扣进项税额 | | | | |
|---|---|---|---|---|
| 项　目 | 栏次 | 份数 | 金额 | 税额 |
| (一)认证相符的增值税专用发票 | 24 | — | — | — |
| 　期初已认证相符但未申报抵扣 | 25 | | | |
| 　本期认证相符且本期未申报抵扣 | 26 | | | |
| 　期末已认证相符但未申报抵扣 | 27 | | | |
| 　其中:按照税法规定不允许抵扣 | 28 | | | |
| (二)其他扣税凭证 | 29＝30至33之和 | | | |
| 其中:海关进口增值税专用缴款书 | 30 | | | |
| 　农产品收购发票或者销售发票 | 31 | | | |
| 　代扣代缴税收缴款凭证 | 32 | | — | |
| 　其他 | 33 | | | |
| | 34 | | | |

| 四、其他 | | | | |
|---|---|---|---|---|
| 项　目 | 栏次 | 份数 | 金额 | 税额 |
| 本期认证相符的增值税专用发票 | 35 | | | |
| 代扣代缴税额 | 36 | — | — | |

表 8-48　　　　固定资产(不含不动产)进项税额抵扣情况表

纳税人名称(公章):　　　　　填表日期:　年　月　日　　　　金额单位:元至角分

| 项目 | 当期申报抵扣的固定资产进项税额 | 申报抵扣的固定资产进项税额累计 |
|---|---|---|
| 增值税专用发票 | | |
| 海关进口增值税专用缴款书 | | |
| 合　计 | | |

表 8-49　　　　　　　　　　　**本期抵扣进项税额结构明细表**

税款所属时间：年　　月　　日至　　　年　月　　日

纳税人名称：（公章）　　　　　　　　　　　　　　　　　　金额单位：元至角分

| 项目 | 栏次 | 金额 | 税额 |
|---|---|---|---|
| 合计 | 1 = 2+4+5+10+13+15+17+18+19 | | |
| 17%税率的进项 | 2 | | |
| 　其中：有形动产租赁的进项 | 3 | | |
| 13%税率的进项 | 4 | | |
| 11%税率的进项 | 5 | | |
| 　其中：货物运输服务的进项 | 6 | | |
| 　　　建筑安装服务的进项 | 7 | | |
| 　　　不动产租赁服务的进项 | 8 | | |
| 　　　购入不动产的进项 | 9 | | |
| 6%税率的进项 | 10 | | |
| 　其中：直接收费金融服务的进项 | 11 | | |
| 　　　财产保险的进项 | 12 | | |
| 5%征收率的进项 | 13 | | |
| 　其中：购入不动产的进项 | 14 | | |
| 3%征收率的进项 | 15 | | |
| 　其中：建筑安装服务的进项 | 16 | | |
| 1.5%征收率的进项 | 17 | | |
| 农产品核定扣除进项 | 18 | | |
| 外贸企业进项税额抵扣证明注明的进项 | 19 | | |

表 8-50　　　　　　　　　　**酒及酒精消费税纳税申报表**

税款所属期：　　　年　　月　　日至　　　年　　月　　日

纳税人名称（公章）：

纳税人识别号：☐☐☐☐☐☐☐☐☐☐☐☐☐☐☐☐☐☐☐

填表日期：　　年　月　日　　　　　　　　　　金额单位：元（列至角分）

| 项目<br>应税<br>消费品名称 | 适用税率 | | 销售数量 | 销售额 | 应纳税额 |
|---|---|---|---|---|---|
| | 定额税率 | 比例税率 | | | |
| 粮食白酒（定额税率） | 0.5 元/斤 | —— | | | |
| 粮食白酒（比例税率） | —— | 20% | | | |
| 薯类白酒（定额税率） | 0.5 元/斤 | —— | | | |
| 薯类白酒（比例税率） | —— | 20% | | | |
| 啤酒 | 250 元/吨 | —— | | | |
| 啤酒 | 220 元/吨 | —— | | | |
| 黄酒 | 240 元/吨 | —— | | | |
| 其他酒 | —— | 10% | | | |
| 酒精 | —— | 5% | | | |
| 合计 | | | | | |

| | |
|---|---|
| 本期准予抵减税额：<br><br>本期减（免）税额：<br><br>期初未缴税额：<br><br>本期缴纳前期应纳税额：<br><br>本期预缴税额：<br><br>本期应补（退）税额：<br><br>期末未缴税额： | **声明**<br>　　此纳税申报表是根据国家税收法律的规定填报的，我确定它是真实的、可靠的、完整的。<br>　　　　经办人（签章）：<br>　　　　财务负责人（签章）：<br>　　　　联系电话：<br><br>（如果你已委托代理人申报，请填写）<br>　　　　　　授权声明<br>　　为代理一切税务事宜，现授权＿＿＿＿＿（地址）<br>＿＿＿＿＿为本纳税人的代理申报人，任何与本申报表有关的往来文件，都可寄予此人。<br>　　　　授权人签章： |

**以下由税务机关填写**

受理人（签章）：　　　　受理日期：　　年　　月　　日　　　受理税务机关（章）：

表8-51

## 城建税、教育费附加、地方教育附加税（费）申报表

税款所属期限：自　年　月　日至　年　月　日　　填表日期：　年　月　日　　　　　金额单位：元至角分

| 纳税人识别号 | |
|---|---|

| 纳税人信息： | 名称 | |
|---|---|---|
| | 登记注册类型 | 所属行业 |
| | 身份证件号码 | 联系方式 |
| | | ☑单位　□个人 |

| 税（费）种 | 计税（费）依据 | | | | | 税率（征收率） | 本期应纳税（费）额 | 本期减免税（费）额 | | 本期已缴税（费）额 | 本期应补（退）税（费）额 |
|---|---|---|---|---|---|---|---|---|---|---|---|
| | 增值税 | | 消费税 | 营业税 | 合计 | 6 | 7=5×6 | 减免性质代码 | 减免额 | 10 | 11=7-9-10 |
| | 一般增值税 | 免抵税额 | 3 | 4 | 5=1+2+3+4 | | | 8 | 9 | | |
| | 1 | 2 | | | | | | | | | |
| 城建税 | | | | | | 7% | | | | | |
| 教育费附加 | | | | | | 3% | | | | | |
| 地方教育附加 | | | | | | 2% | | | | | |
| 合　计 | — | | — | | | — | | | | | |

以下由纳税人填写：

纳税人声明：此纳税申报表是根据《中华人民共和国城市维护建设税暂行条例》、《国务院征收教育费附加的暂行规定》、《财政部关于统一地方教育附加政策有关问题的通知》和国家有关税收规定填报的，是真实的、可靠的、完整的。

| 纳税人签章： | 代理人签章： | 代理人身份证号 |
|---|---|---|

以下由税务机关填写：

| 受理人 | 受理日期　年　月　日 | 受理税务机关签章 |
|---|---|---|

本表一式两份，一份纳税人留存，一份税务机关留存。

减免性质代码：减免性质代码按照国家税务总局制定下发的最新《减免性质及分类表》中的最细项减免性质代码填报。

表8-52

**个人所得税基础信息表（A表）**

扣缴义务人名称：

扣缴义务人编码：□□□□□□□□□□□□□□□

| 序号 | 姓名 | 国籍（地区） | 身份证件类型 | 身份证件号码 | 是否残疾烈属孤老 | 雇员 | | | 非雇员 | | 股东、投资者 | | 纳税人识别号 | 境内无住所个人 | | | | | | | | 备注 |
|---|---|---|---|---|---|---|---|---|---|---|---|---|---|---|---|---|---|---|---|---|---|---|
| | | | | | | 电话 | 电子邮箱 | 联系地址 | 电话 | 工作单位 | 公司股本（投资）总额 | 个人股本（投资）额 | | 来华时间 | 任职期限 | 预计离境时间 | 预计离境离境地点 | 境内职务 | 境外职务 | 支付地 | 境外支付地（国别/地区） | |
| 1 | | | | | | | | | | | | | | | | | | | | | | |
| 2 | | | | | | | | | | | | | | | | | | | | | | |
| 3 | | | | | | | | | | | | | | | | | | | | | | |
| 4 | | | | | | | | | | | | | | | | | | | | | | |
| 5 | | | | | | | | | | | | | | | | | | | | | | |
| 6 | | | | | | | | | | | | | | | | | | | | | | |
| 7 | | | | | | | | | | | | | | | | | | | | | | |
| 8 | | | | | | | | | | | | | | | | | | | | | | |
| 9 | | | | | | | | | | | | | | | | | | | | | | |
| 10 | | | | | | | | | | | | | | | | | | | | | | |
| 11 | | | | | | | | | | | | | | | | | | | | | | |
| 12 | | | | | | | | | | | | | | | | | | | | | | |
| 13 | | | | | | | | | | | | | | | | | | | | | | |
| 14 | | | | | | | | | | | | | | | | | | | | | | |

谨声明：此表是根据《中华人民共和国个人所得税法》及其实施条例和国家相关法律法规规定填报的，是真实的、完整的、可靠的。

法定代表人（负责人）签字：

年 月 日

扣缴义务人公章：

经办人：

填表日期： 年 月 日

代理机构（人）签章：

经办人：

经办人执业证件号码：

代理申报日期： 年 月 日

主管税务机关受理专用章：

受理人：

受理日期： 年 月 日

180

表8-53

## 扣缴个人所得税报告表

税款所属期： 年 月 日 至 年 月 日

扣缴义务人所属行业： □一般行业 □特定行业月份申报

扣缴义务人名称：

扣缴义务人编码：□□□□□□□□□□□□□□□

金额单位：人民币元（列至角分）

| 序号 | 姓名 | 身份证件类型 | 身份证件号码 | 所得项目 | 所得期间 | 收入额 | 免税所得 | 税前扣除项目 | | | | | | | | 减除费用 | 准予扣除的捐赠额 | 应纳税所得额 | 税率% | 速算扣除数 | 应纳税额 | 减免税额 | 应扣缴税额 | 已扣缴税额 | 应补（退）税额 | 备注 |
|---|---|---|---|---|---|---|---|---|---|---|---|---|---|---|---|---|---|---|---|---|---|---|---|---|---|---|
| | | | | | | | | 基本养老保险费 | 基本医疗保险费 | 失业保险费 | 住房公积金 | 财产原值 | 允许扣除的税费 | 其他 | 合计 | | | | | | | | | | | |
| 1 | 2 | 3 | 4 | 5 | 6 | 7 | 8 | 9 | 10 | 11 | 12 | 13 | 14 | 15 | 16 | 17 | 18 | 19 | 20 | 21 | 22 | 23 | 24 | 25 | 26 | 27 |
| | | | | | | | | | | | | | | | | | | | | | | | | | | |
| | | | | | | | | | | | | | | | | | | | | | | | | | | |
| | | | | | | | | | | | | | | | | | | | | | | | | | | |
| 合　计 | | | | | | | | | | | | | | | | | | | | | | | | | | |

谨声明：此扣缴报告表是根据《中华人民共和国个人所得税法》及其实施条例和国家有关税收法律法规规定填写的，是真实的、完整的、可靠的。

法定代表人（负责人）签字：

年 月 日

表8-54　　　　　扣缴个人所得税报告表（全年一次性奖金）

所得项目：工资、薪金所得　　　　　　　　　　　　　　　　　　　金额单位：人民币元（列至角分）

填表日期：

| 扣缴义务人识别号 | | | | 扣缴义务人名称 | | | | |
| 扣缴义务人所属行业 | | | | 税款所属期 | | 至 | | |
| 经办人 | | | | 法定代表人（负责人） | | | | |
| 序号 | 纳税人姓名 | 证照类型 | 证照号码 | 本月工资 | 全年一次性奖金收入额 | 应纳税所得额 | 税率 | 速算扣除数 | 应扣缴税额 |
| 1 | | | | | | | | | |
| 2 | | | | | | | | | |
| 3 | | | | | | | | | |
| 4 | | | | | | | | | |
| 5 | | | | | | | | | |
| 6 | | | | | | | | | |
| 7 | | | | | | | | | |
| 8 | | | | | | | | | |
| 9 | | | | | | | | | |
| 10 | | | | | | | | | |
| 合　计 | | | | | | | | | |